「発達に課題があります」
そう指摘されたあの日からずっと
私たちは不安を抱えたまま
ここまで来た。

もう少し大きくなれば
もしかしたら普通になってくれるのかもしれない。
よそとは違う子育てのつらさを抱えながら
そんな希望を手放したくなかった。
だけど、気がつくと、わが子は不登校になっていた。

もうどうしたらいいのかわからない。
放っておくしかないのだろうか。

イラつくわが子に、私たちもついイライラをぶつけてしまう。
家の中はいつも緊張していて、みんながもう限界。
だけどこれは家庭の問題。子育ては親の責任。
この子のことは、私たちがなんとかしないと…

どうして自分はいつも、うまくいかないんだろう…

みんなと同じようにしたいのに、何が違うんだろう。
自分はダメな人間だ…

思春期に変化するのは身体だけではありません。
自分と他人との違いを意識するように
心の在りようも大きく変化していきます。
コミュニケーションの苦手さや
こだわりが強いといった発達上の特性がある場合
人間関係や社会への適合につまずきがちです。

その結果、子ども本人は
発達障がいによって引き起こされた
適応障がいやうつ病などの二次障がいに
苦しんでいる場合があります。

親の私たちがいなくなったら
この子はどうなってしまうのだろう…

家族だけで抱えることは、もうできません。
できるだけ早く助けを求めてください。
それは、

子どもが
地域で自立して生きていくための
支援を利用することです。

適時発見・適時相談

一人ひとりに適した生き方をともに創る

それが

相談支援専門員です。

本人が、将来どのように生活したいかを
丁寧に聞き取り、その実現のために必要な支援や
福祉サービスをコーディネートします。

私たちは、皆さんの**人生の伴走者**です。

積極的に支援を受けましょう。
まずは相談に行くところからです。

　この本では、私たち相談支援専門員が生活や就労に関わる
さまざまな支援を行った経験をもとに、親元から巣立つ12人
の事例を作成して紹介しています。皆さんが読み終わる頃には、
どこに、どのように相談すれば良いのか、相談するとどのよ
うな支援が受けられるのかがイメージできるようになってい
ることでしょう。これが **" 相談力 "** です。

この本では相談に行くときの
具体的な準備までをサポートしています。

　この本の終盤には、相談に行く際に必要な持ち物リストや、
子ども本人の状態をより正確に伝えたり、手続きを迅速に進め
られるようにするための相談票がついています。相談票には事
前に書き込んで、実際に相談に行くときに役立ててください。

注）この本に掲載している事例は、これまで相談支援専門員が関わった実
例を基に、個人が特定されないように加工しており、名前はすべて仮名です。
また、この本では、従来の「障害」という言葉を法令の名称である場合な
どを除いて、できる限り「障がい」と表記しています。

すだちとともに

相談力育成サポートブック

もくじ

すだちとともに　相談力育成サポートブック

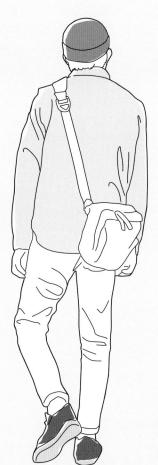

ゲームが好きで、友達も普通にいた。
でも、高校を卒業して入った専門学校には
一人も知り合いがいなかった。
つまらない授業が終わって家に帰ると
思いっきりネットやゲームに没頭するから
朝起きられなくて授業に間に合わない。
そんな負のループにはまって、学校に行けなくなった。

行けばゼッタイ怒られる。
授業にはどうせもう、ついていけない。
このままだとマズいのはわかってる。
わかってるけど、でも…

その不安を人に話すことができた日から
止まっていた時間が動き始めたような気がする。
家族でも友達でもない人が僕の生活に関わってくるのは
ちょっと不思議な気がしたけれど。

矢島 大さん
20才

子への経済援助で両親の家計は限界
ひきこもり負のループからの脱出

大さんは、小学校から高校まで地元の学校に通い、10才のときに発達障がいと軽度の知的障がいの診断を受けました。学校帰りに家で一緒にゲームをしたり、夏休みには泊まりに来る友達もいて、楽しく過ごしていたのですが、お金を貸したことでトラブルになるなど、両親からは少しパワーバランスの悪い関係に見えていました。

コンピューター関係の専門学校に進学すると同時に、学校のすぐそばで一人暮らしを始めました。すると、夏休みが終わってしばらくした頃、学校から両親に「大さんが学校に来ていない」という連絡が入ります。心配してアパートに行くと、大さんは一切の外出を嫌がり、宅配サービスを利用して生活していました。

両親は、学校を一旦退学して実家に戻るように勧めたのですが、大さんがこれを強く拒否したので、ひとまずはそのまま様子を見ることになったそうです。この

とき、生活に不自由がないように、食品や生活用品を購入するためにクレジットカードを渡して決済が滞らないように配慮をしていました。

そんな生活を2年ほど続けるうちに、大さんは次第に「○○買ってきて」「○○持ってきて」など、些細な用事で両親を頻繁に利用するようになり、気づいたときには完全にひきこもり状態になっていました。両親が大さんの要望を拒否すると大きな声を出して暴れることもあったので、手を焼いた両親は大さんの言うことには忠実に従い、思うようにさせてきたのでした。

すると大さんの要望はますますエスカレートし、クレジットカードの利用額は月に20万円を超えるようになっていきました。家計を圧迫された両親は、もうこれ以上対応ができないと困り果てました。そこで役所の障がい福祉課に相談して、相談支援事業所12ページ➡につながったのでした。

9

これまで家族のフォローによって気づかれなかった課題の本質を見極め、
適切なアセスメントによって支援を選択していきました。

最初の面談には大さんも連れてきてもらうことになっていたのですが、実際に来られたのは両親だけでした。そこで両親から、大さんの今までの生活歴や困っていることなどを聞き取っていきました。

大さんのひきこもり状態を改善するために、両親にクレジットカードを止めて生活費を渡さないように伝えたのですが「かわいそうだし、そんなことをしたら報復されるかもしれないから怖くてできない」と言って、なかなか決断は難しい様子でした。

家族以外の第三者が初めて介入

その後、大さんが一人暮らしをしているアパートを訪問することになりました。大さんからはお金を持ってくるように言われていた両親でしたが、このときには持っていかないようにと伝え、私たちも一緒に訪問しました。

アパートに到着し、まず両親が大さんと話をします。ところがお金を持ってきていないことがわかると、大さんは突然大きな声を上げ、両親に物を投げつけて奇声を発しました。そこで、両親から私たちが来ていることを伝えてもらいました。すると大さんは表情を一変させ、弱々しい声で「どうぞ」と私たちを部屋に上げてくれたのでした。

部屋に閉じこもり、インターネットの情報を盲信

そこで私たちは大さんの思いや趣味の話を聞くことができました。新しい環境でこれまで家族がしてくれていたことを自分でしなければならなくなったこと、高校生までは地元の知り合いもいて助けてくれたり、話しかけてくれたのに、専門学校では誰も話しかけてくれず一人ぼっちだったことなど。大さん自身も、どうしたらいいのかわからなくなってしまっていたことがわかってきました。

さらに障がいの特性もあって、初めてのお店や場所に行くことも怖いと感じていて、外出さえできなくなっ

ていたことから、ひきこもりへと状態を悪化させていたようでした。

　一日中パソコンの前に座ってインターネットだけを見ているせいで、生活そのものがインターネットに支配されているような状態でもありました。例えば、健康や清潔観念に関して、すべてがインターネットの世界で見聞きした内容を固く信じるようになっていました。インターネットで「この食品は危険」という記事を見るとその食品は食べない。「これを飲むと筋肉がつく」というサプリメントの記事を見ると、それを購入してそれだけを飲むといった、極端な選択に偏った生活を送っていました。

両親からの経済的自立に向けて

　私たちは両親と相談し、まずは大さんを両親への依存から解放することにしました。これは、息子を見捨てるようなことはできないと考える両親にとっても、とてもつらいことだと思いましたが、まず両親から離れなければ、この状況は改善しないと考えました。とはいえ、両親からの援助を打ち切って無理矢理にでも自立を促すという訳ではありません。身内ではなく他人による程よい距離感でサポートができるヘルパーの利用 48ページ を開始して、まずは週に2回、必要な家事や買い物の代行を行うところからのスタートとなりました。

　ヘルパー事業所には、本人との信頼関係を構築してほしいこと、まずは本人の思いや要望を十分に聞いてほしいとお願いしました。そして十分に関係性が構築できた後に、大さんには両親からの支援がなくなることや、今後は支援者と一緒に生活を考えていくことを伝えました。経済的には両親からの支援ではなく、障がい年金と生活保護の受給 13ページ を行うことになりました。

障がいへの配慮を受けながら学ぶ

　生活リズムを整えるためにも、日中活動はとても大切になります。大さんにはパソコンのスキルを磨きたい、もっと勉強したいという思いも強かったので、就労移行支援事業所 59ページ でのパソコンスキル向上を勧めました。昨今は、こうした就労のためのパソコンスキルやプログラミングなどの勉強ができて、障がいへの配慮もきちんと行ってくれる場所が多くなっています。

　週2回のヘルパー利用を継続することで居宅内の様子も把握でき、生活での困りごとにも対応しやすい状況を作ることができました。今のところ、大さんは毎日の就労移行支援事業所への通所も継続できています。今後はそこで培ったスキルをもとに、就労を目指していく予定になっています。

相談支援事業所と相談支援専門員

障がい福祉サービス利用をお手伝いする、相談援助のプロフェッショナルです。

相談支援事業所とは

障がい福祉サービスの利用には、お住まいの市区町村の役所へのサービス等利用計画案の提出が必要です。この計画案は、利用者本人や家族が自力で作成するには少々困難なことがあります。そのため、利用する方の生活に必要なサービスの連絡調整をして、上手に利用するお手伝いをするのが相談支援事業所の仕事です。お困りごとを聞きとり、専門的知識を持った相談支援専門員が一緒に考え、必要な機関やサービスにつなげて、ご希望の生活を送ることができるように支援をします。

サービス等利用計画案を役所に提出して承認されると、受給者証が発行されます。決定された支給内容に基づいてサービスを提供する事業所を選びますが、このときも地域の事業所の情報をよく知る相談支援専門員がお手伝いをします。

サービス利用開始後も、**利用状況を定期的に確認**し、**必要に応じて計画を見直し**ます。また、他にも医療との連携や、年金などの経済的な相談、仕事や将来への不安などの相談にも乗ります。　※相談支援の利用は無料です。

相談支援専門員とは

相談支援事業所には、相談支援専門員という専門職が配置されています。さまざまな国家資格を持った相談援助のプロフェッショナルです。持っている国家資格や、またそれに基づく職業経験もさまざまで、そのために得意分野がある反面、不得意分野を持ち合わせている場合がほとんどです。すべての分野をカバーできる相談支援専門員というのは存在しませんが、お困りごとの解決に向けて、必要に応じて各機関に適切につなげてくれるようになっています。安心してご相談ください。

相談支援事業所の探し方

インターネットやSNSからの情報もありますが、まずは、お近くの市区町村の役場にご相談ください。お住まいの地域の相談支援事業所のリストをもらうことができます。また、すでにサービスを利用している事業所がある場合は、相談支援事業所を紹介してもらうことが可能な場合もあります。地域での活動内容や特色などをお聞きになり、検討してください。

生活に必要なお金の悩みを解決する

生きていくことへの問題意識を持っているのは、子どもよりも親のほうです。

公的支援制度を上手に利用する

　大半の方が抱えているのが、暮らしていくために必要な“お金の悩み”です。発達障がいのある子どもが社会に出て働くことにつまずいてしまった場合、次の2つの公的支援を利用することができます。

障害年金	生活保護

　私たち相談支援専門員は、これらの制度をどのように選択したり組み合わせて利用するかを、本人の状態と家庭の状況によって調整します。

困っている内容は親子で大きく違う

　実は親が困っていることと、本人が感じている困りの内容は異なります。特に親の立場では、子ども本人が感じている不安に対しての理解が難しいのです。公的支援の利用は、本人の不安を解消することを考えながら選択します。それぞれ状況の異なる3つの家庭を例に、本人の自立を支えるために考えられる障害年金、生活保護の使い方を紹介します。

事例：①

親の思い

親の私たちが退職すると援助できなくなる。よその子たちと同じように、働いて自立できるようになって欲しい。結婚して幸せになった姿と、孫の顔を見せて欲しい。

自分は何をしても長続きしないので、仕事も続けられるかわからないし、自信がない。もし、クビになったらどうしよう。働きたいけれど、働けない。

本人の不安

就労による給与 + 障害年金 を使いました。

　本人に働きたいという思いがあるので、就労での給与と障害年金で生活することを目指します。定期的に一定の金額が入ることで、就労が途切れてしまった場合でもセーフティネットがある安心感が生まれ、障害年金＋アルバイトでも自立した生活が可能になります。

障害年金は、利用申請をして認定を受け、2か月に一回の支給があります。受け取れる金額は障がいの等級によって違い、1級の場合は約97万円、2級が約78万円、3級が約58万円（厚生年金のみ）となります。※2023年2月末時点

　障害年金は使いみちに制約がなく、旅行や好きなものを買うなど自由に使うことができます。ただし、発達障がいや精神障がいで受給する場合、定期的に更新手続きをしなければならず、更新の度に医師に診断書（約3千円〜1万5千円）を書いてもらう必要があります。

事例：②

親の思い

働いて欲しいが、言うと怒って暴れるので機嫌を損ねないように奴隷のように従っている。私の育て方のせいでこうなったので、子どもに対しての罪悪感からついお金を渡してしまう。

怒ると自分を抑えられなくて、友達や彼女を殴ってしまうのは、小さい頃に親から叩かれていたせいだ。自分がこうなったのは全部、親や周りのせいだ。自分ではどうすることもできない。

本人の不安

生活保護 を使いました。

　就労だけでなく、家庭内暴力などの問題を抱えている場合は、お金の給付に加えて医療や介護のサービスの利用にメリットのある生活保護をメインに利用します。支給される医療券を使用すれば、病院での治療や検査が無料で受けられます。生活相談のために福祉事務所のケースワーカーを利用したり、自立に向けたプログラムを受けることもできます。さらに、所得税や固定資産税などの税金や、保険料が免除になります。

　ただし、受給条件やお金の使いみちにはいくつもの制限があります。親と同居している場合は受給しづらく、働いて収入を得た場合は保護費から差し引かれます。働かずにお金が入ることに慣れてしまうと就労意欲がなくなってしまうこともあるため、自立を目指す上では、支援計画の中での一時的な利用となる場合もあります。

　また、発達障がいの症状が軽いと判断されて障害年金を受け取れない場合もありますが、その場合も生活保護、あるいは生活保護＋就労による給与で生活を支えることになります。

障害年金と生活保護は両方もらえる？

　さらに、障害年金と生活保護を同時に利用することも可能です。生活保護を受給していると、アルバイトなどの収入が入っても相殺されることを聞いたことがあると思います。同じように、障害年金も生活保護を受給していると相殺されてしまいます。そのため、損をしているように感じてしまうかもしれません。しかし、生活保護は単に生活費だけの問題だけではなく、医療費の扶助や仕事の準備のための扶助という側面もあるのです。ですから、必要に応じて障害年金と生活保護を両方受給することも1つの選択肢になります。

　なお、障害年金1・2級を所持している人が生活保護を受給すると、在宅の場合、障害者加算として、1万5千円〜2万7千円ぐらいの額が加算されます。したがって、生活保護から支給される基準額が増えることになります。

　例えば、日中活動として就労移行支援 59ページ を使っている場合、一般的には給料は発生しません。そのため、障害年金の受給だけでは一人暮らしを継続することは難しくなります。こうした場合には、生活保護と障害年金の両方を受給することが1つの選択肢になります。

　他にも、自立訓練 34ページ や就労継続支援B型、59ページ 生活介護 43ページ などの利用をする場合も同じです。

事例：③

親の思い

もう親が面倒を見なければならない年齢ではないし、私には何もできない。そのうち自分で誰かに相談してくれれば、何とかしてもらえるんじゃないかと思う。

親はいつも家にいない。まともに育てられてないし、普通の家庭生活がわからないから、自分が将来結婚してもどうやって子育てしていいかわからない。

本人の不安

　親の側に問題意識がない、とても難しいケースですが、こうした場合でもよく話し合って方針を決め、障害年金や生活保護の手続きを応援します。相談支援専門員への相談は無料です。年金の手続きは社会保険労務士が代行してくれます（有料）。生活保護の申請は相談支援専門員がケースワーカーと一緒に進めます。

お父さんやお母さんには、元気でいて欲しい。
いつまでも一緒にいて欲しいと思う。
僕も、仕事をがんばって自分でお金を稼ぎたい。

手伝ってくれる、やさしい人たち。
毎日話す、仲のいい人もいる。

気持ちがザワザワするときは、僕はカラダを動かしたい。
そうしないと落ち着かない。わからない？
家の中は、ぐちゃぐちゃだ。
どうして上手くできないんだろう。
僕のせいじゃない。
イライラするのは、僕のせいじゃない。

明日は電車に乗れる日だ。
毎日仕事をがんばって、お休みは電車の日。
僕は、ずっとそれがいい。

小川凛太郎さん
22才

16

穏やかな子が思春期を境に不安定に
二次障がいの治療に専念して見えた希望

「昔は手のかからない子でした。一人でおとなしく遊んでいてくれることも多く、ニコニコしているから他所へ行っても可愛がられたし、何か買ってと駄々をこねられた記憶もないです。言葉が出るのは遅かったけれど、ほかにはこれといった気がかりはありませんでした」お母さんはこのように凛太郎さんの幼少期を振り返りました。凛太郎さんはそのまま地元の小学校に入学するのですが、3年生になってしばらくした頃、先生から発達の遅れを指摘されます。子どもセンターで検査を受けた結果、「自閉症スペクトラム、発達障がい」と診断されました。小学4年生からは支援学校に転校し、高等部まで進学して、卒業後は学校の紹介で近所にある授産所で働くようになりました。

凛太郎さんは電車に乗ることが大好きです。学生の頃はお父さんが付き添って毎週電車で出かけていましたが、近頃はお父さんが体力的に厳しくなってきていました。そこで、両親は凛太郎さんの休日のサポートを依頼するために役所へ行きました。受け取ったリストから相談支援事業所を選び、その後、行動援護 49ページ のサービス利用が始まりました。穏やかな凛太郎さんはガイドヘルパーとも良い関係で、休みの日には仲良く出かけることをとても楽しみにしていました。

ところが、20歳になる頃から凛太郎さんの様子が変化してきました。反抗的な態度が増え、両親に殴りかかるようになり、大きな声で歌ったり、夜に近所を徘徊することもありました。はじめのうちは両親が注意するとやめたのですが、だんだん聞かなくなります。仕事場でも落ち着きがなくなり、同僚とトラブルになることもありました。支援者の注意も聞き入れません。週末の移動支援 49ページ 中にも、電車内で誰かれ構わず話しかけたり、大声を出したりといった問題行動が出るようになり、ガイドヘルパーの介入も難しくなってしまいました。

発達障がいによる生きづらさが原因で、精神疾患を併発することがあります。

発達障がい自体は治りませんが、周辺症状であるうつ病などの精神疾患を
診断・治療することで落ち着きを取り戻すようになります。

両親や周囲の支援者がその変化にとまどってる間に、凛太郎さんの問題行動は日に日にエスカレートしていき、困り果てた両親は、どうにか凛太郎さんを連れて精神科を受診しました。医師の診察によると、凛太郎さんの落ち着きのない様子は思春期の不安定さによる一過性のものと思われるということで、抗不安薬が処方されました。

精神疾患のあるわが子を家族だけで世話する限界

投薬による精神不安症状の治療が始まりましたが、凛太郎さんは薬が効いているときには穏やかに過ごすことができますが、薬が切れると以前にも増して攻撃的になり、家の中で暴れることが増えていきました。両親は、大声を出して暴れる凛太郎さんを抑えたりなだめる日々に疲れ果て、そこで私たちの相談支援事業所に助けを求めて来られました。

自宅を訪問した私たちは、荒れ果てた室内に壮絶な

家庭内暴力の様子を目の当たりにしました。障子は破れ、テレビや家具などもほとんどが壊れています。両親は「私たちはもう疲れました。こんな日々がこれ以上続いたら、あの子を殺してしまうかもしれません。このままではあの子が先か、私たちが先かです。助けてください。あの子を預けられる施設を探してください」と切実に訴えられました。

福祉による介入で、まずは安全を確保

私たちはこの現状を緊急事態と考え、役所の障がい福祉課と連携してすぐに入所できる施設を探しました。緊張が極限まで高まっていて、危険が身に迫っていると考えられる家族の安全のために、凛太郎さんには施設にショートステイでひとまず入所してもらい、その間に入所調整を行うことにしました。これには、これまで両親のいない環境で生活したことがない凛太郎さんが施設で暮らしていくことができそうか、対する施設側も

凛太郎さんの特性をチェックし、入所が可能かどうかの見極めを行うという目的もありました。

わが子を施設に預ける罪悪感との葛藤

　しかし、実際には施設へ入所することにとまどいを抱えていたのは両親のほうでした。ショートステイ先に向かう車の中で、「やっぱり、私たちが家で見ていきます」とおっしゃったかと思うと、すぐに「いや、無理です。預けます…」と涙を流されるなど、気持ちは揺らぎ続けていました。それでも、施設に到着し、職員から説明を受けながら施設を案内されるうちに少しずつ不安が解消されていったようでした。そして凛太郎さんが穏やかに職員と会話し、過ごしている様子を見て、最終的に「お願いします」と凛太郎さんを施設に預けることを決心されました。

　実際、両親は施設の雰囲気を体感し、職員の落ち着いたやわらかい対応に触れて安心感を持ったと同時に、わが子を施設に預けることに対して感じていた、後ろめたい気持ちが和らげられ、むしろ他人に託してみるという選択を肯定された気持ちになったということでした。凛太郎さん自身は入所することに抵抗は感じておらず、むしろ自分に対してフレンドリーかつ丁寧に接してくれる職員に囲まれた環境を気に入ったようです。

　その後、凛太郎さんは 2 週間のショートステイ期間を特にトラブルなく過ごし、正式に施設への入所が決定しました。現在では服薬の調整もできていて、以前のような穏やかな性質に戻ってニコニコと笑顔を見せてくれます。

思春期を境に課題が変わっていく理由

　凛太郎さんのように、もともと発達障がいがあり、その特性によって学校や社会で生きづらさを抱えたことが原因となってうつ病などの精神疾患を併発してしまう例は珍しくありません。あるいは、主障がいに発達障がいがあることが気づかれないまま思春期を迎え、トラブルのたびに自己肯定感が下がり続けてしまうことで二次障がいとも言える状態で精神疾患を発症してしまうことがあります。

　思春期は、自分と他人の違いを自覚し、自分の内面と向き合うことでアイデンティティを獲得していく大切な時期です。誰しもが不安定さを体験し、それを繰り返しながら"自分"という存在を確立していくのですが、発達障がいがあるとこの不安定な状態が恐怖に感じられて心のバランスを崩してしまいがちです。凛太郎さんの場合も、二次障がいとなって現れた精神疾患の治療を進めることで、症状が治り、落ち着きを取り戻したと考えられます。

なんでいつも勝手に決めるんだよ。
俺の好きなようにさせてくれよ。
親にはずっとそう思ってた。
どうしていつも、俺に聞かないで
自分たちの思い通りにさせようとするんだろう。

俺だってネットの情報とか本とかで
ちゃんと調べて勉強してるのに
どうしていつも話を聞いてくれないんだよ。
俺のことをもっとわかって欲しいし
俺だってちゃんと話したいんだけど、いつも上手く言えない。
それを誰もわかってくれない。

俺は、どうしたらいいのかわからなくなってた。
今でもまだ自信はないけど。
それでも一人暮らしをするようになって
何かが変わって、何かがはじまった気がするんだ。

関根裕也さん
21才

20

「障がいなんかじゃない」拒絶の壁を乗り越えて
初めて見えた新しい景色

大学教授のお父さんと、中学校の先生をしているお母さんの間に生まれた裕也さんは、幼い頃から人懐こく、近所からも可愛がられて育ちました。小学4年生のとき、先生の板書をノートに写せなかったり、宿題が提出できなかったことで学校から発達障がいを指摘されたのですが、お父さんから「しっかりしろ」と強く叱られただけで、病院には行きませんでした。

中学進学に際して小学校から支援級への進学を勧められたのですが、お父さんは裕也さんが他の子と同じようにできないのは本人の頑張りが足りないせいだと考えていたので受け入れません。そしてどうにか中高一貫の私立校へ入学し、卒業後に進学した同系列の大学は自宅から離れていたので、裕也さんは寮生活を送ることになりました。

すると1年生の夏休みが終わった頃、寮から「部屋から異臭がするのでなんとかして欲しい」という連絡が入ります。両親は慌てて寮に駆けつけますが、裕也さんは部屋のドアを開けません。どうにか説得して中に入ると、部屋中に便や尿の入ったビニール袋が積み上げられていたのでした。驚いて問いただすと、裕也さんは「地球を自分の排泄物で汚してしまうことが嫌だ」「トイレで用を足すと、それが川に流れ、その水を飲んでいると思うと耐えられない」と話したのです。激怒した両親が部屋を掃除して帰ったのですが、しばらくして再び寮から連絡がきます。今度は「外の街路樹の下で用を足してしまい、困っている」という内容でした。

このまま寮生活を続けさせられないと判断した両親は退学手続きをします。しかし、自宅に戻った裕也さんはひきこもり、自分の思い通りに生活するために、両親に対して日常的に暴力を振るうようになりました。手に余った両親は役所に相談に行き、福祉サービスの利用を勧められて相談支援事業所につながったのでした。

いつか、どうにかちゃんと…そのためにするべきことがあります。

障がいを受け入れることには時間がかかります。だからこそ適切な診断を
受けて、適切な支援を利用できるようにする必要があります。

このような状態になっても、両親は裕也さんの障がいを理解しようとはしているものの、受け入れられないという葛藤を抱えていました。しかし、このままでは同じような暴力の日々が続くことは十分に想像できていたので、福祉サービスや医療サービスを利用するために、両親は裕也さんに精神障害者保健福祉手帳を取得させることを決断しました。そのために精神科医にかかって診断書を書いてもらい、発達障がい、学習障がいと診断されました。

障がいの特性独特の考え方にも耳を傾ける

私たちは裕也さんと面談を行いました。私たちが「どうして、トイレで用を足すと地球を汚してしまうと考えるの?」と尋ねると、「寮にいたときに友達がそう言っていた」という返事でした。裕也さんはインターネットを見たり、本を読んでたくさんの知識を持っていましたが、その内容はかなり偏っていて、トイレの件以外にも、

都市伝説や根拠のはっきりしない噂話のようなものを信じていました。

それから、どうして両親に暴力を振るってしまうのかと聞くと、「本当は殴りたくなんかない。でも、親と話をしているとムカついてきて、我慢ができなくなる」と話してくれたのでした。面談は穏やかに行うことができたので、私たちはその次の面談のときに、裕也さんに下水のシステムについて説明を行い、地球上の水の循環について書かれた本を渡しました。

本人の思いを第一に考えることが大切

改めて両親と面談し、裕也さんの今後の生活について意向を伺いました。両親としてはわが子のことは心の底から心配ではあるものの、暴力を振るわれることへの恐怖があって、自分たちの言うことを聞き入れない裕也さんが家の外で用を足すことを止められないと考えていることから、自宅で一緒に暮らすのではなく、施設

への入所を希望していました。

　しかし裕也さんは、障がい者用の施設に入るのは絶対に嫌だと言います。本人にしてみれば、問題があるのは親や周りの人間ですから、自分が施設に押し込められるなどということは到底受け入れられません。そこで、私たちは裕也さんに一人暮らしをすることを提案しました。

支援を最大限に利用して一人暮らしを目指す

　その提案に両親は半信半疑でしたが、裕也さんは目を輝かせました。早速、障がい福祉サービスの申請を行い、認定調査を受けると、裕也さんは施設入所支援までが利用できる区分４に該当しました。つまり障がいがそれより軽度な場合でも利用できる生活介護や居宅介護などの一人暮らしに必要なサービス48ページが受けられます。私たちは両親と協力し、ヘルパー事業所や日中活動の場所となる就労継続支援Ｂ型事業所59ページの近くで住まいとなる物件を探して、賃貸契約も進めました。

　準備が整い、いよいよ裕也さんの一人暮らしが始まりました。朝はヘルパーに朝食を用意してもらい、日中は就労継続支援Ｂ型事務所に通所して、将来の経済的自立に向けての訓練に励みます。夕方帰宅すると、お母さんが夕飯を作りにやってきます。その後、ヘルパーが訪問して入浴の準備と見守りをして、歯磨きや着替え、服薬といった就寝に向けた介助を行います。これが裕也さんの一日です。土日はお休みとして、スポーツセンターに通ったり、移動支援を利用して少し遠くまで出かけたりもしています。

障がいを受け入れることで得た落ち着き

　こうして２年が経ちました。その間、支援を利用することで関われる人が増え、通所先で他の利用者と交流するうちに、裕也さんには初めて友人と呼べる人ができました。同じ障がいを持つ仲間同士で活動するピアグループのイベントに参加することもあり、裕也さんは徐々に自分の特性を理解し、できること・できないこと、苦手なこと・得意なことがわかってきています。気持ちも行動も安定し、支援者とも良い関係を築いている様子を見て、両親も少しずつですが裕也さんの障がいを受け入れることができています。お父さんも休日には、裕也さんと一緒にペアレントトレーニングに行き、発達障がいへの理解を深めようと努力されています。

　問題になっていた「トイレで用を足すと地球を汚してしまう」という考えは、ピアグループの仲間に同じような考え方をしている友達ができ、彼らと過ごすうちに修正され、行動も改善されました。現在では、きちんとトイレを利用することができるようになり、社会生活を送る上での支障もなくなりました。

発達障がいかもしれないと思ったら

大人になってから診断されても、使える支援はいくつもあります。

子どもの頃の交友関係の中では、少しコミュニケーションがとりづらかったり、平気で嘘をつく、衝動的な言動で周囲とトラブルになるといったことで発達障がいを疑われることがあっても、親があまり深刻に考えていなかったり、本人に困り感がない場合は見過ごされがちです。

ところが、発達障がいの特性は大人になっても消えることはありません。そのため、最近では大学進学や就職して社会に出てから気づかれる、大人の発達障がいが増えています。

大人の発達障がい発見のタイミング

成人してから発見される理由として、高校生までは学校や親がしていてくれたフォローが受けられなくなることが考えられます。大学や専門学校の授業は本人の自主性による参加が前提となっていて、重要な連絡や提出物などの情報は本人にしか届けられず、さらには掲示板を見に行くなど「自分で情報を取りに行く」ことが求められるためです。すべて自分でやらなければならない体制についていけず、留年を余儀なくされることもあります。

また、職場では「仕事の手順や方法が覚えられない」「指示が頭に入らない」「約束や連絡を忘れてしまう」といったことが続き、周囲から叱責され続けてしまったりすることがあります。そのため、自分は人よりも劣っている、役に立たないダメな人間だ、などと激しく落ち込み、自信を無くしてしまうことでうつ状態になったり、周りについていこうと頑張りすぎて体調を崩し、そこで初めて心療内科などへの受診につながるケースがほとんどです。

こうした場合、病院では適応障がいや神経症などの精神疾患と診断されて投薬などの治療が施されますが、その病気の根底にはもともと発達障がいが隠れていることがあります。

検査を受けて必要な支援の利用につなげる

自分が、あるいはわが子が苦しい思いをしているのは、もしかしたら発達障がいの特性のせいなのではないだろうか——。気になったときには発達検査や知能検査を受けてみることをお勧めします。これらの検査は病院の精神科や心療内科、大学の相談室、民間のカウンセリングルームなどで受けられます。検査の結果は、私たち相談支援専門員を訪ねていただく際にとても役に立ちます。検査結果をもとに、本人の特性や苦手なことなどを的確に把握し、日常生活や就職に必要な支援の利用につなげていくことができるからです。

まずは相談して無理なく生活を立て直す

学校を退学したり、仕事を続けられなくなって社会との接点を失うと、家から外に出ることができずにひきこもりがちになります。他の人たちと同じように働くことができないつらさから、精神的に追い詰められることで同居の家族との関係も悪化してしまいます。そっとしておいてあげることも大切な時期はあるのですが、長引くことで慢性的なひきこもり状態になってしまうと、家族も疲弊してしまいます。

福祉の支援には、医師の診断や障がい者手帳がなくても利用できる移動支援などのサービスもあります。まずは一歩を踏み出して相談することから始めましょう。通院や気分転換のための外出に付き添う移動支援の利用から、日中の居場所として利用できる生活介護や地域活動支援センター 43ページ などの利用につなげていくことも可能です。

高校を卒業して成人してから社会生活でつまずいてしまったとき、その先の長い人生をどうやって生きていけば良いのか不安になると思います。精神疾患で通院すると、医療サイドからは治療を施すことで治癒を目指すことになりますが、私たちの社会ではもうひとつ、福祉サイドからの支援というアプローチがなされます。その支援の入口が、長期にわたって皆さんの人生を支える「計画相談」であり、私たち相談支援専門員の役割なのです。

旅行なら、たくさん行ってるよ。
小さい頃からね。もちろん海外、国内も。
うーん、趣味みたいなものかな。
最近はヘルパーさんが一緒に行ってくれるの。
あたし、いろいろ要領が悪くて
いっつも旅先でやらかしちゃうんだけど
ヘルパーさんと一緒だと頼れるから安心!

いつまでもおばあちゃんを頼れないってわかったから
自分のこと、もっとできるようにならなきゃね。
あたし、働けるのかな?
わかんないけど、とりあえず知り合いはすごく増えた。
友達…かな? とにかくみんな仲いいの。

今、あたしの居場所は自分の家だけじゃない。
おじいちゃんとおばあちゃんも安心したみたいだし
がんばろうと思う。

雨宮瑠衣さん
（あまみやるい）
25才

育ての親の祖父母が要介護認定
自立を目指す支援利用で開いた心と社会の扉

　瑠衣さんは、経済的には裕福な家庭に育ちました。幼少期からよく家族で旅行に出かけ、学校に通うようになってからも、春・夏・冬の長期休暇には必ず海外旅行、ゴールデンウィークやシルバーウィークなどの連休には国内旅行が習慣になっていました。

　地元の小学校に通っていた瑠衣さんは、4年生のときに担任の先生から発達の遅れを指摘されて検査を受け、ADHD（注意欠陥・多動性障がい）、さらに軽度知的障がいと診断されます。ショックを受けたお母さんは、瑠衣さんに障がいがあるのは自分のせいだと自身を責めました。両親の間には通院や療育への考え方の違いがあり、それぞれが瑠衣さんへの接し方に悩みながら、離婚してしまいました。瑠衣さんはお母さんと一緒に暮らすことになり、中学・高校は支援学校に進学します。ところが高校に入学してすぐの頃にお母さんががんで亡くなり、瑠衣さんはお母さんの両親である祖父母に引き取られました。

　旅行が大好きな瑠衣さんは、いつも一緒に行ってくれていたお母さんが亡くなってからは、旅行会社のツアーに一人で参加するようになりました。ところが添乗員の言うことを聞かず、集合時間に遅れる、出発時間になっても寝ていて起きないということが続き、旅行会社からは利用を断られるようになっていました。

　高校3年生になると、卒業後の進路を決めるために、学校の先生と家族で話し合いをすることになりました。学校側としては将来の自立を見据えて、福祉の手を借りながら地域の作業所などでの就労の道を勧めたのですが、高齢の祖父母は自分たちが家で瑠衣さんの面倒を見ると言い、福祉の利用に難色を示します。他人や行政の世話になることに強い抵抗があるようでした。

　そこで困った学校の先生から、校内の他の生徒にも関わっていた相談支援事業所に面談の依頼が入ったのでした。

ヘルパーとの信頼関係や、日中活動で得た仲間とのつながりが、自分らしい
生活への意欲を支えるようになります。

面談して話を聞いてみると、祖父母は瑠衣さんの将来についてたくさんの心配ごとを抱えていました。
「自分たちが死んだ後にこの子がどうなるのか心配」
「両親が残した財産や保険金もあるが、自分で管理させたら散財してしまわないだろうか」
「就職は難しいと思うが、どうにか手に職をつけさせたい」
祖父母は、自分たちも瑠衣さんの両親も、障がいのある瑠衣さんを不憫に思ってわがままに育ててしまったと言います。だからますます、人様の世話になるようなことはできないと考えているようでした。

本人と家族で悩みや求める支援が違う

一方、瑠衣さんと面談をすると、このように話してくれました。
「私は働きたくない」
「両親が残した株があるから大丈夫」

また、「毎月海外旅行に行きたいけれど、旅行会社の人が相手にしてくれない。おじいちゃんもおばあちゃんも高齢で一緒に行けないので、代わりに行ってくれる人を探してほしい」という要望がありました。
このときの瑠衣さんは、無表情でブスッとしていて、目を合わそうともしてくれませんでした。恥ずかしいのか、それとも警戒しているのかといった印象でした。
この後も何度も面談を重ね、祖父母が亡き後も瑠衣さんの財産を保護し、人生を支えるための成年後見制度 37ページ の申し立てを一緒に行いました。鑑定の結果、後見類型に該当することになり、家庭裁判所によって成年後見人の弁護士が選任されました。今後、瑠衣さんに財産管理や意思決定をするときの専門家のサポートがついたことで、祖父母はとても安心したようでした。

時間をかけて本人を理解することから

一方、瑠衣さんはなかなか心を開いてくれません。

そこで、移動支援やボランティアの余暇グループを紹介し、私たちも一緒に遊んでコミュニケーションをとりました。ゲームでは同じチームになったり、成年後見人と共に瑠衣さんの誕生日会を企画したり。すると、瑠衣さんはやがて打ち解けて、笑顔を見せるようになりました。

こうして信頼関係が築けてきたことを確認した上で、本人に寄り添いながら生活スキルを向上するためにヘルパーの利用を開始しました。高齢の祖父母はだんだんと家事が難しくなってきていたので、食事を瑠衣さんとヘルパーが一緒に作ることを提案してみたところ、スムーズに始めることができました。瑠衣さんも、祖父母の身体の限界を薄々感じていたのだと思います。

さらに、このタイミングで祖父母の介護保険申請も行いました。祖父は要介護1、祖母は要支援2という結果が出たため、介護保険のケアマネジャーと連携しながら、家事の割り振りをして瑠衣さんの分担を検討しました。ヘルパーと一緒に自分の部屋の掃除や片付け、自分の分の洗濯、お風呂の掃除など行うことで瑠衣さんの生活スキルはどんどんと向上していきました。

小さな自信を積み重ねることの効果

瑠衣さんから「もっと学びたい。勉強したい」という思いが聞けたことから、日々の生活や社会的なスキルを向上させるための日中活動機関である自立訓練（生活訓練）の利用を勧めました。月曜から金曜までの10：00～15：00の利用で、最初のうちは行き渋りもありましたが1週間ほどで慣れ、プログラムにある家計簿や調理実習が楽しいようで、その曜日をとても楽しみにするようになりました。

人見知りが強く、初めのうちは他のメンバーとも一切話をしなかったのですが、少しずつ打ち解けて友達と呼べる人もできました。子どもの頃は孤立しがちなタイプだった瑠衣さんですが、訓練によっていろいろなスキルが積み重なることで自分に自信が持てるようになったのかもしれません。

人との関わりが生活に彩りを添える

大好きな旅行は、旅行支援を積極的に行っている移動支援事業所の自費サービスを利用しています。ヘルパーとの旅行はさまざまな場所に行けて、添乗員や旅行会社からも怒られることもなく楽しい、と瑠衣さんは満足なようです。

今まで友達がいなかった瑠衣さんでしたが、自立訓練事業所の他のメンバーや、旅行支援のボランティア事業などに参加することでその仲間は増えていき、年に1回、友人たちとの旅行にも出かけます。

今は自立訓練施設の利用は終了し、生活介護を利用しながら生活しています。

できないんじゃなくて
今までやったことがないだけ。
ちゃんと教えてもらえればできるよ。

父さんが入院してからは離れて生活してるけど
ぜんぜん大丈夫。
この前、一人でお見舞いに行った。
父さんには、今は仕事を頑張っていることを話したよ。

なんで自分はうまくいかないのかな？ と
ずっと思ってた。
どうしてなのかわからなかった。
いろんなことを教えてもらって
やっと、なんとなくそんな自分のことが
わかってきたような気がする。
まだときどき落ち込んだりすることもあるけど
いつかふつうに就職して
父さんを安心させたい。

日浦貴雪さん
22才

統合失調症と家庭内暴力
障がいを抱え込んだ家族を離れて

貴雪さんは厳格なお父さんと、とても優しいお母さんに育てられました。3歳児健診で発達障がいを指摘されましたが受診はせず、小学生になって授業についていけなくなったときも両親の懸命なサポートによってなんとか地元の中学に進学することができました。

高校に進学するときには、通っていた中学校から貴雪さんの特性を考慮して特別支援学校を勧められたのですが、息子に障がいがあることを認められないお父さんが強く反対し、結局、自由な校風で有名な単位制の高校に進学しました。

ところが高校生活が始まると、貴雪さんは統合失調症を発症します。幻覚が見えたり、誰かに自分を支配されている感覚に悩まされるようになり、両親に自分の考えを覗かれているという妄想もありました。その頃から両親に対しての暴力も始まったことで家庭内が不穏になり、両親は離婚します。貴雪さんはお父さんに引き取られたのですが、実はお父さんには疾患があり、体調はあまり良くありませんでした。

お父さんは貴雪さんを心療内科に通院はさせても入院は許さず、医療への不信もあったことから、処方された薬を自分で再度調整をして貴雪さんに飲ませていました。

高校2年の3月、貴雪さんは統合失調症の悪化が原因で高校を退学すると、暴力がエスカレートしました。同時にお父さんの病状も悪化してしまい、貴雪さんの世話が難しくなったことから、貴雪さんを入院させることになります。

適切な医療を受けられるようになったことで貴雪さんの症状はみるみる改善し、幻覚や妄想もほとんどなくなったのですが、今度はお父さんが入院することに。貴雪さんが退院後に自宅で一人になることから、お父さんが相談支援事業所に助けを求めて来られました。

生活スキルを学んで自立し、就労訓練を経て一般就労を目指す。

家族がすべての面倒を見ていた状態からでも、グループホームで家事など
の生活訓練をしていくところからのサポートが受けられます。

入院している貴雪さんと面談すると、「父さんのお見舞いに行きたい」「また学校に通いたい」という希望を話してくれました。病院でさまざまなプログラムにも参加していて、自分の統合失調症という病気や発達障がいについても理解してきているようでした。ただ、自覚に関しては今一つで、障がい特性による生活困難を感じてはおらず、自分ではなんでもできると思っているようでした。これまで日常的な家事や食事の準備などはすべてお父さんがしていて、貴雪さんは手伝いさえしたことはありません。そのためか、お父さんのいない自宅で一人で生活することをイメージできず、とにかく退院さえすればなんとかなると思っているようでした。

自分で自分のことをするイメージを

そこで、退院に向けてこれからの生活を考える面談の中で、グループホーム 68ページ→ と訪問看護の利用を提案し、貴雪さんは退院後に自宅に戻るのではなく、一旦グループホームで暮らすことになりました。

最初の頃は、何を尋ねても「父さんに聞いてみます」「父さんに相談します」が口癖のようになっていて、これまでのお父さんの精神的支配の強さが伺えた貴雪さんでしたが「洗濯はできるかな?やり方わかる?」というように、家事や生活に必要な知識に関して丁寧に一つずつアセスメントすることを続けました。すると少しずつ具体的なイメージが掴めてきたようで、次第に「できないかもしれない。自信がない。教えてほしい」といった、自分主体の要望が出てくるようになりました。

生活のための指導とサポートを受けながら

グループホームにもさまざまなスタイルがあります。今回提案したのはマンション型で、利用者と支援者が一緒に家事を行うタイプです。そこでしばらく生活し、家事など一通りのことができるようになったら一人暮らしをしようという目標を立てました。

日々の生活の中では、自分の体調を管理することや疾病がある場合はその治療に前向きに取り組むことも必要になってきます。統合失調症の治療のために薬をきちんと飲むことの大切さは本人も理解できていたので、訪問看護のスタッフが服薬の管理を行い、病状を把握していくことにも納得していました。そこで自立支援医療の制度を利用して、週に3回、訪問看護が介入することになりました。

学校へ行こう、一人で出かけよう！

貴雪さんには学校にまた通いたいという思いがあったので、日中活動として福祉型専攻科 35ページ の自立訓練事業所に通所することを勧めました。福祉型専攻科は、障がいのある方が高校を卒業して就職するまでの中間施設となっていて、勉強・社会知識・ソーシャルスキル・コミュニケーションスキル・レクリエーション・自立精神の育みなどの豊富なプログラムが用意された施設で、社会に出るために必要なスキルを仲間と共に学ぶことができるようになっています。

もちろん休日もあります。お休みの日をどう過ごすかは、生活を充実させ、幸せな人生を歩む上でとても大切なことです。そのために余暇活動への参加や出かけるための移動支援などが用意されています。一人で電車やバスに乗ったことがない貴雪さんは入院中のお父さんのお見舞いに行くために移動支援を利用し、公共交通機関に乗るための練習をしました。

父亡き後を見据えたサポートへ

こうして2年間の自立訓練の間に、将来に向けて就労や福祉制度についても学んでもらいました。現在、貴雪さんはアパートで一人暮らしをしながら就労継続支援A型事業所 59ページ で仕事をしています。そして休日には一人で電車とバスを乗り継ぎ、お父さんのお見舞いにも行けるようになりました。

次の目標は一般就労です。貴雪さんは自身の希望を叶えるために今、職業スキルや社会的スキルを磨きながら充実した毎日を過ごすことができています。就労継続支援A型でのお給料は約10万円あり、障害年金と合わせると十分に一人暮らしができる収入になっています。

お父さんの病状はすでに余命も宣言されているため、貴雪さんには近い将来に生命保険や遺産の管理についてのサポートが必要になることは明らかです。相談支援専門員としては、今後は父亡き後を考えて成年後見制度の利用手続きを進める予定です。

お金の管理や整理整頓の仕方を身につける

自立に必要な社会生活上のスキルや、IT コミュニケーションなどについても学べます。

親の思い

うちの子は発達障がいがあるので、今までお金のことは全部親がやってきた。決まりや約束ごとがわからなくて失敗したり、騙されてみじめな思いをさせたくない。でも、いつまでも親がついている訳にはいかないので、どうにかしたいとは思っているのだけれど…。

もう少ししっかりしなさいと言われても、このままで何がいけないのかわからない。これからどんな大変なことをしなきゃいけないの？それができなかったらどうなっちゃうの？大人の世界では自分は生きて行けないのかな。

本人の不安

一人ひとりに自分の行動に対する判断を任されている今の社会は、選択することへの自由度が高い反面、自己責任を前提に作られているとも言えます。それは社会を構築しているあらゆるシステムが、健常者をベースに構成されているからです。そのため、不安が強かったり、複雑なことがらへの理解が難しいといった発達障がいのある人にとって、安心を感じにくい生きづらい世の中になっています。

親としては、そんな場所にいつか子どもを送り出さなければならないことには大いに不安でありながらも、世間をわたる術を子どもにうまく伝えられずにいることがほとんどです。なぜなら、実は社会や経済の仕組みは常に変化していて、親自身がもう自分の知識やこれまでしてきたやり方が通用しないことに気がついているからです。

こうした、社会生活では必須でありながら、家庭で教えることが難しい、今とこれから子ども本人が生きていく時代に合った方法で生活のスキルを学ぶことができるのが 自立訓練（生活訓練）です。

日常生活に求められるスキルはとても幅広くあります。例えば自分で食事を作れるようになるために、ここでは調理実習などを通して基本的な調理の技術を身につけることができます。住まいの掃除や片付けといった文化的な最低限の暮らしに欠かせない家事のやり方のほかにも、銀行のATMの使い方や、買い物の仕方、旅行などの予約の方法、家計簿のつけ方なども教えてくれます。

IT機器の操作やネットの利用についても

さらに、現代社会ではパソコンやタブレット、スマホなどのIT機器を使えるスキルを持つことも日常生活に欠かせなくなっています。しかし、発達障がいのある人にとっては、インターネットでつながった画面の向こう側にいる人の感情を推し量ることや、SNSなどで適切なコミュニケーションをとることが難しいことがあります。そのような場合の対処法やトラブルに巻き込まれないようにするための対策なども学べます。

生活訓練の利用には通所型と個別訪問型、宿泊型の3種類があります。原則2年間という期間が設定されており、一般的に終了後は就労を目指すことになります。

こうした生活訓練と似た名称で**自立訓練（機能訓練）**がありますが、こちらは主に身体障がいがある方や高次脳機能障がいのある方が、さまざまなリハビリを通して身体機能の回復を目指していく場所です。

発達障がいの特性を考慮した新しい事業所も

また、発達障がいのある子どもへの有力な支援として、福祉事業型専攻科 が最近注目されています。高等学校（支援学校を含む）を卒業すると、その後は進学か就職かの選択を迫られることがほとんどです。しかし、発達障がいのある子どもにとって、まだ経験したことのない未来を予測することはとても困難なことです。ほかの人よりも、もう少しゆっくりと考えて、納得のいく自分の未来を決められる時間が必要なのです。

そこで、卒業後の第3の選択肢として誕生したのがこの福祉事業型専攻科です。ここでは、2年間の猶予を設けて、その間にじっくりと自分の将来を考えていく力をつけることができます。授業形式で構成されるプログラムが多く、これまで慣れ親しんできた学校のようなスタイルで学ぶことができる上に、修学旅行や文化祭といったイベントが用意されていることも多いです。

これらのサービスを利用するためには、障がい福祉サービスの受給者証が必要になります。利用のための条件や料金などについては、相談支援専門員にご相談ください。

" わが子の面倒は親が見る " ができなくなる前に

『親亡き後』に、誰が子どもの生活や権利を守っていくのか。

子どもが巣立ち、自立した生活をしていく上で必要になるのが、さまざまな契約と金銭管理です。人生にダイレクトに影響するこの問題を任せられる2つの制度を紹介します。

親の思い

一人暮らしを始めて、通帳やキャッシュカードを失くしたり、盗られたりしないかしら。家賃や携帯代金の支払いぐらいは自分で金銭管理をしてできるようになってほしい。グループホームやヘルパーさんへの利用料の支払いもきちんとできるか心配。

ヘルパーさんを使ったり、グループホームに入りたいけど、契約とかどうしたらいいのかわからない。
毎月の支払いを忘れてしまったらどうしよう。
年金が入ったら、1週間で全部使ってしまったことがあったけど、一人暮らしになったら困るだろうな。

本人の不安

あんしんサポート

1つ目は、社会福祉協議会が行っている「あんしんサポート」です。正式名称は「日常生活自立支援事業」で、市町村によって「あんしんさぽーと」「安心さぽーと」「安心サポート」など表記が違います。具体的には、福祉サービスを利用する際の契約や利用料金の支払いをサポートし、要望やトラブルを解決するための相談にものってくれます。また、家賃や公共料金の支払い、預貯金の出し入れなどの手伝いもしてくますし、預金通帳や大切な証書などを預けることもできます。利用のためには社会福祉協議会と契約を結び、内容に応じて数百円～数千円の料金を支払います。

社会福祉協議会とは
日本全国全都道府県全市町村にある民間の非営利団体で、「社協」の略称でも知られています。70年以上の歴史があり、福祉の相談、災害時を含むボランティア活動、赤い羽根共同募金などが有名です。全国的な取り組みから地域の特性に応じた活動まで、さまざまな場面で「福祉のまちづくり」の実現に取り組んでいる団体です。

親の思い

私たちが死んだ後、遺産分割でもめないだろうか。この子が将来困らないように一緒に考えてくれる人がついてほしい。
他のきょうだいに迷惑をかけないようにしたい。

お金のことは全部親がやっていた。どこに何をいくら払ったらいいかわからないから、手伝って欲しい。
騙されたらどうしよう。契約するのが怖い。
契約書の文章が読めないし、わからない。
キャッシュカードの番号をすぐ忘れてしまう。

本人の不安

成年後見制度

2つ目は「成年後見制度」です。生活上で発生する手続きや契約などに対して、障がいや病気のために一人で意思決定をすることが難しい場合、成年後見人が本人に代わって対応する制度です。金融機関の口座などからのお金の出し入れや、ネットショップなどで不当な契約をしてしまった場合でも、契約の取り消し手続きを代行してくれます。

他にも、親族間の紛争や施設や病院、福祉サービスなどの申請や契約、支払い、年金の申請や受取、資産の管理なども手伝ってもらうことができます。

ただし、成年後見人は、結婚・離婚・養子縁組などの身分行為の代行や、手術をするかしないかなどの医療同意はできません。

成年後見制度を利用するためには、家庭裁判所に申し立てをし、医師などの鑑定によって「補助」「補佐」「後見」の3類型が決まります。親族が後見人になることもできますし、専門職が選ばれることもあります。

この場合の専門職とは、弁護士、司法書士、社会福祉士などが代表的です。それぞれに得意・不得意分野がありますが、金銭管理と身上監護は必ず行ってくれます。また、報酬は通常は月2万円が目安ですが、財産が高額な場合には月3万円〜6万円かかることもあります。

法的トラブルで不利になることを避けるために

生活の中では「借金」「離婚」「相続」など、法的トラブルを抱えてしまうことがあります。そんなときには弁護士等から無料の法律相談を受けられる法テラス（日本司法支援センター）が利用できます。国によって設立された法律相談窓口で、無料の法律相談が利用できたり、弁護士費用の立て替えなども行ってくれます。

このような制度の利用も相談支援専門員にご相談ください。その方に一番ベストな制度につなげてくれるはずです。

休み時間は、いつも一人だった。
話が合わないやつらとは別に一緒にいたくないし
何も困らなかったから。

家では朝から晩まで叱られてた。
ご飯のときも、テレビを見てるときも
おじいちゃんとおばあちゃんは怖かった。
逃げたくて行った、寮制の専門学校は地獄だった。
朝起きられない。
学校に着いたら忘れ物だらけ。僕はダメだ。
どうしたらいいのかわからなくなった頃
親が迎えに来たんだ。でも親は
僕の気持ちをわかったフリをして何でも誤魔化す。
ムカつく！　ムカつく！　ムカつく！

だけど今は、楽に話せる人が近くにいる。
穏やかな気持ちで過ごせる今の生活を
僕はとても気に入ってる。

佐藤翔太（さとうしょうた）さん
21才

38

家庭での抑圧で症状が悪化
適正治療と環境調整で生活が安定

翔太さんは小学校入学時に自閉症と診断されています。言葉の遅れや"どもり"もあったのですが、地方なので支援学級などがなく、普通学級に通いました。深刻なイジメはなかったようですが、友達はできませんでした。学習障がいの症状である鏡文字（鏡に映るように文字が反転する）になることが多く、担任の先生の勧めもあって療育手帳を取得。判定は中等度の知的障がいでした。

家では両親と祖父母の5人暮らしでした。外で働く両親に代わってしつけなどは祖父母が行い、毎日宿題や漢字の書き取りなどを見てくれたのですが、とても厳しく、熱心さのあまりときどきは手が出ることもあったようです。

地元の高校を卒業後、翔太さんが厳しい祖父母から離れたがったこともあり、両親は翔太さんを寮がある専門学校に進学させます。しかし寮生活は翔太さんにとって想像以上に過酷でした。朝起こしてくれる人も、学校に連れて行ってくれる人もなく、テキストやノートなど何を持っていくのかもわからなくなり、入学から1か月目にはほとんど通学できなくなっていました。

学校からの連絡で、寮を訪れた両親が目にしたのは荒れ果てた部屋でした。翔太さんは洗濯など身の回りのことが一切できていませんでした。両親が退学届を出し、翔太さんは寮を出ることになったのですが、祖父母と一緒に住むことを嫌がったのでマンションを借り、両親と3人で生活を始めました。

翔太さんは親が何でも手伝ってくれる生活が初めは快適だったようですが、だんだんと親の言うことが引っかかったり、イラついたりするようになりました。自分の考え方へのこだわりが強くなり、共感が得られないと親に対して暴力を振るうようになってきたのです。困った両親が役所で相談支援事業所の存在を知り、初めて支援につながることになりました。

生活環境を整え、適正な投薬治療でまずは精神状態を安定させる。

まずは適正な治療と、同居の家族が障がいを理解することが大切。
そこから本人の希望に沿った支援をともに考えていきます。

　両親からの相談は、①自立して一人暮らしをしてほしい。一緒に生活するのは難しい。②学校に復学して卒業させたい。そして就職させたい。③薬などに頼らずにどうにか穏やかになってほしい。という内容でした。翔太さんの将来を案じ、専門学校を卒業させたいという思いが強く、学歴にとても強いこだわりがあります。また、翔太さんは自閉症と診断されているにも関わらず、精神科に通院したり薬を飲むと"廃人になる"と強く思い込んでおり、治療に大きな抵抗がありました。

　翔太さん本人は「普通に生きたい。遊びにも行きたいし、友達もほしい。将来は結婚して子どももほしい。親孝行もしていきたい。でも本当は学校には行きたくない。勉強がわからないから…」と話してくれました。

本人が落ち着くことのできる環境を

　私たちは翔太さんとの面談を重ねながら、両親や祖父母との面談も繰り返しました。そしてまず行ったのは、翔太さんの生活リズムを整え、精神状態を安定させることでした。両親はこれまでの同居で、翔太さんのこだわりの強い言動とかんしゃくに疲れ切り、暴力を振るわれた恐怖がトラウマになっている状態だったので、自宅で環境を整えることは難しいと思われました。そこで施設入所やグループホームを検討したのですが、今の翔太さんには周りの人に暴力を振るってしまう可能性があることからそれも難しいため、一人暮らしを提案しました。両親は、また寮にいたときのような失敗をするのではないかと、とても心配されていました。

生活の苦手をサポートでカバー

　居宅のヘルパー支援を利用し、朝と夜に1時間ずつの訪問で食事と家事（洗濯・掃除）を行ってもらいました。日中は発達障がいに特化した生活介護事業所に通所し、週末は移動支援を利用して余暇活動です。映画やショッピング、遊園地などにも行ってもらいました。

相談支援の面談も週1回ペースで行い、翔太さんの話を聞く時間も確保しました。

きめ細かい支援で生活が整っていく

ヘルパーは男性の限られたメンバーで対応してもらうことにしました。それは、一緒に過ごす時間が多くなるヘルパーは翔太さんにとって"友人"のような存在になりうると考えたからです。ヘルパー事業所も発達障がいに対してとても理解があり、一緒に日々の生活が安定するように取り組んでもらうことができました。

食事の献立を一緒に考え、買い物や予算組みも一緒に行いました。洗濯や掃除もヘルパーが横について、翔太さんにとって"やり易い方法"を検討しました。週末の移動支援では翔太さんがやりたかったこと、行きたいところを聞き取って、余暇活動に関してもヘルパーにサポートしてもらいました。

朝のヘルパーが帰る時間に合わせて生活介護事業所の送迎に来てもらうようにすると、スケジュールを段取りよくこなせて生活リズムが整っていきました。

落ち着いた日々がもたらした変化

同時に、発達障がいを専門に診察しているクリニックに家族と一緒に通院し、服薬も始めていきました。

生活介護事業所から帰宅し、夜のヘルパーが来るまでの間は翔太さんの自由な時間で、テレビを見たり、おやつを食べたりしてゆっくり過ごしてもらいます。夜間のヘルパーと一緒に夕食を作ったり、買い物に行ったり、洗濯物を取り込んだり、毎日とても落ち着いて過ごすことができるようになりました。

以前のようなこだわりの言動や暴力などはまったく見られなくなり、家族とも月に1回食事に出かけられるほどになりました。そこで来年の春からは、日中活動を生活介護事業所から就労継続支援B型事業所 59ページ に変更し、将来の就労に向けてスキルを高めていこうという目標を立てています。

障がい特性を理解した対応を

発達障がいのある人にとって、まず生活が安定していること、精神状態が安定していることはとても大切な要素になります。そのためには薬の力が必要になることもあるのです。翔太さんは支援者（ヘルパーや生活介護職員、相談支援専門員、医師）などと関わることで、自分の理想とする生活や役割を獲得しています。次は就労に向けて、一歩ずつ支援者、家族とともに進んでいこうと話しています。

安心できる“居場所”を利用する

傷ついた経験を癒せる場所で、自信を取り戻すための時間的猶予が必要です。

福祉の支援には“18才の壁”がある

　学校や放課後等デイサービスを利用して友達と仲良く過ごしたり、好きなことに取り組めていた子どもの環境は、18才を境に大きく変化することになります。

　高校を卒業して、4月からは就労の場に巣立っていくことが多いのですが、初めての場所や人、慣れない仕事への緊張から、徐々に心や身体がしんどくなってしまうことがあります。みんなと同じように働きたいという気持ちはあっても、自分だけが周りについていけないつらさや、上司や同僚とうまくコミュニケーションが取れないことで孤独を感じるようになる人もいます。しかし、福祉の分野では通常は高校を卒業する18才の3月31日を過ぎると、子どもは成人として扱われるようになります。以前利用していた放課後等デイサービスのような、自分を受け入れてくれる居場所を見つけにくいことが、18才以降の支援の課題となっています。

　気持ちが不安定になった子どもが、家庭では次のような状態になることで、親の側も非常にストレスと不安を感じるようになります。

親の思い

息子は仕事への集中力が続かないため、ミスを連発したり、対人関係がうまくいかずに退職。落ち込んで自信を失ったことで、人と顔を合わせることを渋るようになり、部屋から出てこなくなってしまった。私たちもいろいろと手を尽くして、外に出るよう促してきたが、親の言うことは反発して聞かない。

息子には、失敗を乗り越えられない弱さがあり、なかなかやる気にならない上に、すぐに劣等感を感じやすい。

毎日家でテレビや動画を見てゲームにふけることで問題は解決しない。自分の問題から逃げずに、仕事をがんばって、人に傷つけられたら言い返すぐらいできるようになって欲しい。自分の気持ちを伝えられるようにならなければ、これから先もやっていけない。

このままでは、テレビでよく見るように子どもが50才で私たちが80才になってもずっと家で面倒を見ることになるかと思うとゾッとする。

傷つく経験を何度もすると、自己肯定感が下がって、何をするにも不安な気持ちが先に顔を出してしまうようになります。思春期以降の子どもは、外の世界であったことを以前のように家で話してくれなくなるので、親が直接介入して解決することが難しくなります。

そんなときに力になってくれるのが、みんなと一緒に過ごし、同じ悩みを共有したり相談することで気持ちを楽にできる"居場所"です。仕事をしていなくても責められることのない環境で、趣味や軽作業、身体を動かすスポーツやレクリエーションなどに参加して、少しずつ社会や家族以外の人と関わることができるようになれば、今まで避けてきたことにも取り組めるようになるかもしれません。

居場所として利用できる事業所など

まずは 生活介護事業所 です。ここでは、決められた仕事ではなく、自分のできることに自分のペースで取り組むことができます。例えば、読みたい本を読んだり、編み物などの手芸をしたり、パソコンで文字を入力する練習をしたりというように好きなことをして過ごすことができます。事業所ごとに特色があり、菜園がある事業所では野菜を育てたり収穫の手伝いをすることもあります。また、利用者さん同士でレクリエーションを行ったり、みんなで余暇活動を考えたり、イベント

に参加したり、軽作業で作った商品を展示販売したりと、さまざまな角度で社会に参加する取り組みが行われます。お風呂に入ったりトイレのお手伝いが必要な場合も、職員が手伝ってくれます。

利用には発達障がいでの一定の支援区分の条件を満たすことと、相談支援専門員がサービス等利用計画案を作成し、市町村から承認を受ける必要があります。

生活介護事業所のほかにも、居場所となるところは各市町村でたくさん用意されています。地域活動支援センター は、モノづくりや創作的な活動を通して、他者と触れ合う機会が持てる場所です。日中一次支援 も、トランプやボードゲームを楽しんだり、音楽を聴いたり、本を読んだりして個人個人が好きなことをして過ごすことができるようになっています。特にこちらは、自宅で本人の世話をしている家族のための休息や、一時的な支援を目的とした居場所となっています。このように、本人のためだけでなく、日々の対応に疲弊してしまっている家族への支援としても利用できることは意外と知られていないのですが、ぜひとも活用して欲しいと思います。

これらのサービスの利用には、市町村が発行する受給者証が必要です。お住まいの地域の事業所も相談支援専門員が把握しているので、まずは相談しましょう。

一人暮らしがしたい！
兄ちゃんは OK なのに、どうして僕はダメなんだよ。
障がいがあったって、もうちゃんと仕事してるんだから
生活費は心配ないはずだよ？
それなのに父さんも母さんも
どうして許してくれないんだろう。
僕だってちゃんとやれるよ。

最初は確かにちょっと不安はあったんだ。
だけど、ヘルパーさんに手伝ってもらったり
家事のやり方を教えてもらって
自信がついてきた。
僕でもできるように工夫したり
どうしてもできないことは
手伝ってもらえばいいんだってことがわかったんだ。
だからもう、僕が
「あれもできない」「これもできない」って
言わないで欲しい。

山本竜児さん
25才

44

" できること " から芽吹いたチカラを育み
実現した一人暮らしへの道

「うちの子が、できもしないのに一人暮らしをしたいと言い出して困っています」。こう言って相談に来られたのは竜児さんのお母さんでした。

竜児さんは知的障がいと発達障がいの診断を受けています。幼い頃からこだわり行動が多く、夢中になると周りが見えなくなることがよくありました。小学生だったある日、学校からの帰り道にいつものように道路の白線の上を歩くことに夢中になっていたことが原因で交通事故に遭って大ケガをしてしまってから、車椅子が必要になりました。

高校まで地元の特別支援学校に通い、卒業後は月曜から金曜まで毎日、就労継続支援 B 型事業所で箱詰めの仕事をして、将来の自立に向けてがんばっています。

実はお兄さんも一緒に生活していたのですが、最近になって近所で一人暮らしを始めたそうです。すると、竜児さんも一人暮らしをしたいと考えるようになったら

しく、毎日のように両親にそう訴えるようになったそうです。

両親にしてみれば、竜児さんの生活は掃除や洗濯はおろか、食事や入浴、着替えといった日常のあらゆることを自分たちが介助することによって成り立っているとしか考えられません。最初のうちは「一人では自分のことを何もできないでしょう?」「毎日薬を飲むことも忘れてしまうぐらいなのだから、自己管理が必要な一人暮らしなんてとても無理」と、諭していたそうですが、竜児さんは一向に諦めません。

困り果てたお母さんが、竜児さんの就労継続支援 B 型事業所利用のための更新手続きで訪れた市役所の窓口で担当者に相談してみたところ、「相談支援専門員をつけて、相談に乗ってもらってはいかがでしょう」というアドバイスを受けて、私たちに連絡してこられたのでした。

まず、できないことよりもできることに目を向けることから。

同居する家族の「できない」「できていない」という固定された評価を、支援を利用することによって得られる第三者の目線で再評価する。

　まずは、竜児さん本人に会って希望を詳しく聞くことになりました。自宅に伺うと、竜児さんは人懐っこい笑顔で、開口一番に「一人暮らしはいつからできますか？」と話しかけてくれました。お母さんから聞いていた通り、本人の一人暮らしへの思いが強いことは間違いなさそうです。そこで、どうして一人暮らしをしたいと考えるようになったのかと質問してみました。すると、「兄ちゃんも一人暮らしを始めたし、僕もいつか結婚したいから、まずは家を出て一人で生活ができるようになっておきたいと思っている。でも、父さんや母さんは僕のことを信じてくれない」と話してくれました。

どこまでも平行線を描く思いの違いを分析

　次に両親と面談をして、竜児さんに一人暮らしは難しいと考えている理由を聞いてみると、だいたい次のような心配をしていることがわかりました。
　①必要な薬を飲み忘れる

②家族の介助がないと入浴できない

③自分で食事を作れない

④部屋を片付けられない

⑤これまで家族がいない環境で生活したことがない

　障がいがあり、これらを一人でできない竜児さんにとって、一人暮らしは夢のようなことなのでしょうか。私たちはこれらの課題を一つひとつ解決することで、希望が叶う可能性を高めていくことを考えました。

生活介助を利用してチャレンジを始める

　障がいのあるなしに関わらず、両親がわが子の健康を心配するのは当然のことです。服薬や体調の管理をすることは一人暮らしをする上で一番大切なことでもあるので、訪問看護を利用して医療の専門家による定期的な見守りをしてもらうことにしました。
　入浴は、自宅の浴室に手すりを設置し、入浴介助の

ヘルパーを入れて家族以外の介助で入れるようにしました。部屋の片付けや炊事を練習するために、家事援助のヘルパーも週1回利用することにして、さらに、家族のいない環境で一人暮らしのイメージを養うために、月2回のペースでショートステイを利用することを提案しました。

家族以外の支援が入ることで、第三者の目線からこれまで気づかれなかった新たな課題が見つかることもあります。そうした評価を3か月ごとに行う会議で検討し、最終的に一人暮らしが可能かどうかを考えていくことにしました。

自分の"やりたいこと"に向かう竜児さんはとても意欲的に、それでも何度も失敗しながら、諦めずにヘルパーの助けを借りて身の回りのことを少しずつ一人でできるようになっていきました。

夢の実現を阻んでいたものは

一年が経つ頃には、竜児さんは毎日きちんと薬を飲めるようになり、入浴も家族の支援なしでヘルパーと一緒に入れるようになってきました。支援者である私たちも竜児さんの成長を評価し、一人暮らしの実現に近づいたと手応えを感じていました。しかし、当初の両親の反応はそうではありませんでした。自分たちが気にかけて手を貸すことが日常となっていた両親にとっ

て、その手を離してわが子を他人に託したり、社会に出すことに無意識に強い抵抗を感じるようになっていたのかもしれません。

両親の考え方を変えるための支援

それでも、現在25才である竜児さんの両親の年齢は共に50代半ばです。あと10年もすると定年を迎え、そこからは体力も衰える一方となるため、自宅で竜児さんを自分たちだけで介助していくのが難しくなるでしょう。両親はそれがわかっていても、実際に手放す方法がわからなくて問題を先送りしていたのでした。

こうした現状を打開するために、私たちは両親とも面談を重ねました。その中で、竜児さんが"できないこと""できていないこと"ばかりを注視するのではなく、"できること"に目を向けるように促し続けました。そうすることで、少しずつではありますが両親の考えも変わっていきました。

現在、竜児さんは念願の一人暮らしへと大きな一歩を踏み出し、家族や支援者と共に物件探しを始めています。

一人暮らしを支えてくれるサービスを活用する

頼りなさや心細さがあっても、安心して一歩を踏み出すためのさまざまなサポートがあります。

親の思い

うちの子はもう大人なのに、いくつになっても自分のことができない。部屋は散らかりっぱなしだし、家の手伝いもしない。よその子は自分のことは自分でできるのに。病院でも自分の状態を話さないから、まだ親が付き添わないといけない。本人は全部一人でできているつもりのようだけど、薬も飲み忘れるのだから一人暮らしなんてとても無理！

一人暮らしをすれば、親から離れて自由になれる。遅くまでゲームをして、インターネット動画も見放題！彼女（彼氏）と遅くまで遊べるし、友達に自慢できる。親に認めてもらいたいし、一人前の大人として扱われたい。

本人の
前向きな気持ち

本人の
不安な気持ち

近所とトラブルになったりしないかな。一人で買い物とかも大丈夫かな。映画に行きたくても無理かも。一人でお風呂に入るのは怖い！目をつぶって髪の毛洗えない。薬、飲み忘れたらどうしよう。ご飯も自分で作らなきゃいけない？風邪で寝込んだらどうしよう。

発達障がいがある人もない人も、年頃になれば一人暮らしに憧れを抱くのは当たり前のことです。誰しも、初めての一人暮らしで最初から順調に生活できたわけではありません。親や友達に助けてもらったことがたくさんあったと思います。ここでは、発達障がいのある子ども本人の、自立に向けたサポートを紹介します。

家事はヘルパーと一緒にやりながら覚えていく

まずは、ヘルパーが家に来て家事を手伝ってくれる家事援助サービスです。例えば料理を作ってくれるだけではなく、子どもと一緒に献立を考えて一緒に買い物に行き、一緒に調理をしてくれて、献立のレパートリーを増やしていってくれるというように、子どもの特性に応じた援助をしてもらうことができます。事例で紹介した人たちも、最初のうちはご飯を炊くので精一杯でしたが、今では健康的な献立を毎日作ることができるようになりました。調子が悪いときは、無理せずヘルパーに調理をお任せすることもできています。

掃除や洗濯、部屋の片付けもヘルパーと一緒に行い、

練習をしながらやれることを一つずつ増やしていくことができます。

実家では親が付き添っていたからか、一人でお風呂やトイレに入ったり、目をつぶって髪の毛を洗うのが怖いといった不安を抱えている方もたくさんいます。こうした場合もヘルパーにサポートをお願いできます。お風呂に入って身体を清潔に保ったり、身なりを整えたりすることは、周囲とのトラブルを避けたり人間関係を築くために重要になります。本人の精神衛生面にとっても大切なことです。

医療との連携も安心

病院への通院も、ヘルパーに介助を依頼することができます。自宅での様子を、本人や家族に代わって医療関係者に伝えてもらうこともできます。

自立支援医療を利用すると、週に1回から3回程度、看護師が自宅に来て体調管理や薬のセッティングなどをしてくれます（ただし、利用には定期的に精神科に通院していることが条件になります）。何かあったときには、医師や相談支援専門員と連携をとってくれます。

生活を彩ってくれる居宅サービス

趣味や特技を活かして自由時間を楽しむこと（余暇活動）は、生活リズムを整える上でもとても有効です。

発達障がいがあると、有意義な時間の使い方や余暇活動が苦手な傾向があります。新しい環境や初めての場所に行くことができなかったり、電車などの公共交通機関を使うのが難しい場合もあります。こうした場合は 移動支援 を使ってヘルパーに同行してもらい、一緒に外出したり旅行することもできます。本人の特性を理解したヘルパーのサポートで出かけて経験値が上がることで、自己肯定感が高まり、社会参加が積極的にできるようになった方も実際にたくさんいます。自分で行きたい場所を決めて、家族以外の人と外出を楽しめるようになったことが、友達を作るきっかけになった例もあります。

「うちの子は暴れるから」と子どもの行動に不安を感じているご家族の場合は、外出時に慣れていない場所でパニックを起こしやすい方が利用できる 行動援護 という移動サービスもあります。外出の準備から移動、帰宅までの手伝いをしてくれて、パニックを起こしたときには危険回避などのフォローを行います。ただし、サービスを提供する事業所がまだ全国的に少ないのが現状です。

重度の知的障がいや精神疾患を併せ持つ方の場合には、重度訪問介護 を利用できます。通常のヘルパーサービスよりも時間を長くしたり、身体・家事・移動のサービスを総合的に提供してくれます。24時間介護が必要な方への支援の時間数が足りない場合は、相談支援専門員にご相談いただければ、専門員が行政と協議します。

好きな人と、ずっと一緒にいたいの。
私の発達障がいをわかってくれて
やさしく守ってくれる、そんな人と、いつか…
私、なんでもするよ。
彼が喜んでくれるなら、本当になんでも！
なのに、どうしてかな
いつも裏切られてばっかりだった。

家には居場所なんて、ない。
パパやママにとって
私は迷惑で邪魔なだけの存在。
だから早く結婚して家を出たかった。
彼のお嫁さんになって、幸せになりたい。
そう願ってたのに。
赤ちゃんができたら、この子と2人っきりになっちゃった。

せめてこれから、ちゃんと生きていきたい。
この子と一緒に。

河西愛美さん
（かさいえみ）
22才

一人で産んで育てたい
出産後も仕事を続けるために叩いた支援の扉

　中学・高校時代の愛美さんは、整った顔立ちとモデルのようなスタイルで、とても目立つ生徒でした。高校生になった頃から問題行動が増え、万引きや窃盗で捕まって両親が警察に迎えに行ったことは一度や二度ではありません。その度に両親とは口論になり、家出を繰り返していました。愛美さんは好きな人ができると、彼が欲しがるものを手に入れるために、万引きや窃盗、売春まで何でもしていました。

　高校3年生になると、周りとの違和感を覚えるようになりました。友達がつぎつぎと就職や進学など将来の進路を決めていく中で、自分は「お嫁さんになりたい」という夢しか持てなかったそうです。高校卒業後は毎日ダラダラと過ごしていました。家ではお母さんが食事を作ってくれて、洗濯もしてくれます。そして、お金がなくなると男性に貢いでもらう生活でした。そんなある日、付き合っていた男性から、愛美さんの欲しい物への執着心の強さや、突発的な行動などを「お前変だよ。病院で見てもらったら？」と指摘されたことで受診につながり、発達障がいと診断されます。両親に告げるとその場に泣き崩れられてしまい、自分を受け入れてもらえなかったと感じた愛美さんは、両親と決別します。

　一人暮らしを始め、憧れていた洋服屋さんで働きました。自分が勧めた服をお客さんが買ってくれることがとても嬉しく、仕事にはやりがいを感じていましたが、他の店員たちの輪に入っていけませんでした。寂しいとは思ったけれど、女の子たちよりも男の人と一緒にいるほうが楽でした。マッチングアプリで簡単に出会うことができるので、愛美さんは発達障がいがあることをオープンにしてたくさんの男性と出会いを重ねました。

　そのうちに同じ発達障がいのある男性と出会って意気投合し、付き合い始めて2〜3か月した頃、愛美さんは自分が妊娠したことを知ったのでした。

自立したいという本人の意思を一番に考えて支援方針を決める。

周囲から見れば危なっかしくても、一生懸命に自立を目指して進んでいる本人を支えることができる支援はたくさんあります。

発達障がいのある子どもの思春期以降の課題には、性に関わるものが少なくありません。コミュニケーションの苦手さや依存心の強さといった発達障がいの特性が周囲からの孤立を深めてしまい、居場所の獲得への執着などからトラブルに巻き込まれてしまうことがあります。愛美さんの場合も、繁華街でやさしく声をかけてくれる男性を好きになり交際するものの、対等な関係を築くことができずに破局し、その度に「裏切られた」と傷ついて自殺を考えたこともあったということです。

女の子の場合は特に、心と身体に深刻な傷が残ってしまったり、経済的な不安を抱えたまま出産と養育を行うことになったりといった、社会的にも看過できない事態となる例があります。

一人で産む決意をして相談に訪れる

「子どもが生まれるので、仕事の相談をしたいんです」

ある日、相談支援事業所に突然相談にやってきた愛美さんは、こう切り出しました。妊娠3か月、未婚。相手の男性は就労継続支援A型事業所 59ページ⇒ で働いていて、実家暮らしではあるが経済的には楽ではありません。交際中の外食代などはすべて愛美さんが支払っていました。妊娠がわかったとき、愛美さんはとても嬉しかったのですが、彼に告げると「子どもは育てられない」と言われます。彼のお母さんからも「発達障がいのある親から生まれたら、子どもにも発達障がいがあるはず」と言われ、中絶を薦められた上に、その日から彼とは連絡が取れなくなってしまったということでした。

お腹が大きくなると、今の洋服屋さんでの仕事は続けられないと考えた愛美さんは、彼のように福祉的就労ならば働けるかもしれないと、家の近くの就労継続支援A型事業所に行ってみたそうです。そこで支援員さんに妊娠のことや両親との関係、仕事のことなどを話したところ、私たちの相談支援事業所の存在を教え

てもらい、足を運んだということでした。

長期的に継続できる"生きる"ための支援

　私たちはまず、愛美さんの今後の生活の経済的な基盤作りとして、障害年金の申請のために社会保険労務士に話をつなぎました。次に、重大なポイントである出産をサポートするために、険悪なままになっている両親との関係を修復する必要があることから、愛美さんの了解を得て両親との面談を行いました。家を出てから何の音沙汰もない愛美さんを両親はとても心配していました。愛美さんの妊娠には両親はとても驚きましたがしっかりと受け止めてくれました。

医療との連携も、制度を活用して負担を軽く

　愛美さんは、これから生まれてくる赤ちゃんと2人で生活していくことを考えて、できるだけお金を稼いでおくために出産ギリギリまで仕事をしたいと思っていました。そのために、発達障がいの特性や妊娠中の体調に配慮を受けながら働くことのできる職場を希望していたことから、最初に飛び込んだ就労継続支援A型事業所に通所することになりました。

　その他にも、愛美さんの体調管理と出産後の子育ても鑑みて、自宅で診察やケアが受けられる訪問看護の利用を開始しました。通常、精神科訪問看護は医療保険が適用されることから原則3割負担となりますが、自立支援医療制度を申請することで、負担を軽減しながら訪問看護を利用することができました。

　愛美さんは家事が苦手で、部屋の中は荒れ果てていたので、ヘルパーの支援も取り入れることにしました。ヘルパーと一緒に部屋の掃除や洗濯といった家事を行うことで、無理なく身の回りのことができるようになります。さらに、役所の保健師とも連携し、愛美さんの出産に向けた支援にも介入してもらうようにしました。

小さな情報のバトンが支援につながる

　こうして、愛美さんは無事に元気な女の子を出産しました。現在では、支援者と両親に支えてもらいながら、子育てに奮闘する日々を送っています。

　愛美さんは発達障がいがあることをオープンにしていたので、出会った人の中には障がい者手帳の取得の方法や、福祉的な就労のことを教えてくれる人もいました。適切な支援につながるためには、福祉のプロである私たち相談支援専門員のほかにも、こうして手を差し伸べてくれる周囲の人たちの存在は不可欠だと言えるのかもしれません。

食べることが好きだったから
調理の仕事をしようと決めた。
専門学校で勉強して
ますます料理が好きになった。
お父さんもお母さんも
僕が作った料理を「美味しい!」と褒めてくれたし
就職が決まったときも喜んでくれた。

だけど、初めての職場を1年以内で解雇された。
次の職場はもっと短くて3か月。
どっちも理由は同じ。
納得はできないけど、でももう、しょうがない。

それから1年かけて
僕は自分の人生を方向転換させた。
自分のことも、ちょっとわかるようになったし
いろんな働き方があることもわかった。
だからもう一度、好きな調理の仕事にチャレンジする。

飯山すばるさん
22才

一般就労で2回の挫折を経験
自分に合った働き方を求めて

すばるさんは5才で広汎性発達障がいの診断を受けましたが、就学相談では通常級と判定され、週一回の通級指導級を利用しながら小学校に通いました。注意欠如の特性があり、人とのコミュニケーションにも苦労することはありましたが、家庭では両親ともに、指示は1つずつ、できるだけ視覚化して伝えるなどの工夫をしておおらかにサポートしてきました。

学校でのすばるさんは"ちょっと幼いところがある"という感じで、手持ち無沙汰になると口いっぱいにティッシュを詰め込んでみたりといった不思議な行動はありましたが、周りの友達がやさしく接してくれたこともあって、いじめなどを経験することはなかったようです。ただし学習面では漢字でつまずき、板書をノートに書き写すことがうまくできないこともあって、5年生ぐらいから授業についていけなくなってしまいます。

中学入学前に受けた就学相談では特別支援級を勧められましたが、お母さんとしてはすばるさんの将来を思うと少し無理をしてでも通常級に通わせたいという思いから、私立の中高一貫校への進学を選択しました。試験がなく、学校生活全般に本人の意志が尊重される自由な校風の中で6年間のびのびと過ごし、授業ではタブレットを使用できる合理的配慮も受けられました。

高校を卒業後は調理師専門学校に進学。不器用なのでとても努力が要りましたが、学科は学年で一番になるなど両親も驚く成績を修め、すばるさんの希望通りの集団給食調理のある介護施設に就職しました。

こうして一般就職を叶えたすばるさんでしたが、1年足らずで2回の解雇を経験します。障がいの特性から、仕事の指示や注意がまったく頭に入らないことや、何度説明しても覚えられないことが原因でした。この時点で初めて、お母さんが相談支援専門員を訪ねてこられました。

障がい者手帳を取得し、支援を受けながらの就労を目指す。

障がい者枠で、特性に合った配慮を受けながら働くことは
自分の人生をしっかりと生きていくためにとても有効な方法です。

就職して収入を得ることは自立に欠かせません。子どもの自立は両親にとっては子育てのゴールですから、みんなと同じレールに乗せてそのゴールに向かわせたいと考えるのは当然の親心だと思います。

すばるさんの両親も、すばるさんが診断を受けた後もずっと「普通の人生を送れるようになって欲しい」と考えてきました。幸い、周囲の理解と合理的配慮を受けられる環境で学齢期を過ごすことができたこともあって、そのまま社会に出て働くことにためらいを感じなかったと言います。それだけに、障がい特性を理由に短期間に2回も職を失ったことのショックは本人、両親ともに大きかったのです。

障がい者手帳の申請に思わぬ障壁が

この現実を踏まえて、お母さんには一般就労はひとまず諦めて、支援環境の整った職場で働ける障がい者枠での就労を目指すことを提案しました。そのために

は精神障害者保健福祉手帳（以下、手帳）が必要です。お母さんは手帳の存在は知っていましたが、すばるさんのような障がいの程度が軽いと感じる発達障がいの場合でも取得できるとは思わなかったので、申請したことはなかったそうです。

すばるさんは5才で診断を受けてからしばらく通院と投薬を続けていましたが、薬を飲むと気分が悪くなると訴えるようになり、お母さんとしても向精神薬という強い薬を子どもに飲ませることに罪悪感を持っていたこともあって、そこで「この子の可能性に賭けよう」と決心され、投薬も通院もやめてしまっていました。

手帳申請のためには、もう一度病院で診断してもらわなければなりません。私たちは病院のリストを渡し、そこから通院先を選んでもらいました。

手帳は再度通院を開始してから最低でも6か月が経たないと申請できません。しかも申請後は審査があり、通ったとしても手帳が発行されるのはさらに3〜4か月

後になります。その間、すばるさんは無収入で過ごすことを余儀なくされました。もちろんアルバイトを探すことはできますが、すばるさんは短期間で2回も解雇を経験し、また同じことを繰り返すのではないかという危機感からすっかり自信を無くしてしまっていました。

就労のための支援は大切なセーフティネット

　手帳があれば、障がい者枠での就職も視野に入れた就職活動が行えるだけでなく、失業期間中も、次の就労に向けた準備のための支援も利用できます。しかもそれだけではありません。手帳があれば、もし失職して次の雇用先を探すことになったとしても、通常の失業保険の給付日数（90日～150日）が、障害者等就職困難者と認められると、離職日の年齢や被保険者期間に応じて、150日～360日となります。

　もし失敗しても、やり直すために十分な準備ができるような支援が用意されているのです。

もう一度スタートラインに立つ

　すばるさんは今、通院を継続中です。6か月が経過した時点で主治医の先生に診断書を書いてもらい、手帳を申請して待つことさらに3か月。無事に手帳が届き、就労移行支援サービスの利用を開始することができました。その甲斐あって、再就職への準備ができてきて

います。今度は障がい者枠で調理の仕事が見つかりそうです。

社会に出る前の転ばぬ先の杖を

　お母さんは、「手帳が必要になるほどの支援を受けなくても、周囲の環境のおかげでそれほど困ることはなく、ここまでなんとかなっていた。だからこのまま逃げ切れるかと思ったら、社会に出てから本人が傷つくことになってしまい大変申し訳ないことをした」と、すばるさんに謝ったそうです。自分の苦手なことをもっと自分の中で可視化させて自覚させてあげるべきだったと。

　そういう意味では、すばるさんのように親元にいる段階で問題が顕在化したことはまだ救いがありました。発達障がいでは、30歳、40歳になってから特性が原因で職を失うリスクが少なくありません。

　相談支援専門員は、社会に出てからつまずいてしまうこうしたリスクを鑑み、学齢期のうちに手帳の取得をお勧めすることがあります。早くから手帳を持つということについて、レッテルを貼られるような感覚を持つ方がおられるかもしれません。そのような場合、すばるさんのように大人になってから取得することも可能ですし、一度手帳を持っても、返納することも可能です。

　手帳を持つメリット、デメリットを相談支援専門員と話し合い、しっかりと精査してください。

学校を卒業したら就労モラトリアムを利用する

就労はゴールではなく、自立した生活をするための一つの要素。

ここまでで、仕事に就くことは、自立のために欠かせないと考えられる1つの要素であるとお伝えしてきました。しかし、就職して、ただ生活のために収入を得ることが人生のすべてではありません。

子の人生はその子のもの

障がいがあってもなくても、わが子が例えばアイドル歌手やバンドマンになりたいという夢を持っていたとしたらどうでしょうか。不安定な職業を目指すことを、素直に応援するのは難しいかもしれませんね。本人が安定した収入を得られるようになることを親や周りの支援者が求めてしまうのは、その子を一人前に育てたいと望む立場では当然だと思います。

親が子を思う気持ちは本当に尊いものです。ただし、子どもの人生はその子のものです。親は、意見はしても最終的な決定権は子にあるべきです。親が選んだ仕事を無理矢理させても、本人にとって嫌な仕事であれば続かないこともあるでしょう。

少し極端な例でしたが、私たち相談支援専門員が大切にするのは、単に就職することではなく、その方が自分らしく生きがいを持って生活できるように支援していくことだと考えています。

仕事選びに時間をかけるという選択

発達障がいがあると、自分の思いや気持ちを外に発信することが苦手な傾向にあります。自分に夢や目標があっても、思った通りに表現できていないと、周囲もうまくコーディネートできず、何とか仕事に就いたとしても、想像と違うとすぐに辞めてしまうようなこともあります。また、仕事場や仕事をするということのイメージが持てないこともあります。

就職して収入を得たい。でも、まだ自分はどんな仕事がしたいのか、どんな仕事ならできるのかがわからない――。福祉の支援では、こうした場合に将来を決断するために必要な猶予期間（モラトリアム）としても利用できるサービスも用意されています。

就労移行支援

　学校では教えてくれなかったビジネスマナーや、社会人として必要なスキルなどを学べる場所が就労移行支援事業所です。ここではビジネスマナー、ソーシャルスキルと併せて、仕事をするために必要なスキルを身につけることができます。例えば、ハローワークと協働してさまざまな資格取得や研修に参加できたり、今の時代のビジネスマンに必要なパソコンのスキルや、SNSを使うときのルール、危険やそれを回避するための方法などを学ぶこともできます。

　また、事業所によっては、プログラミングやソフト開発、ホームページの作成、イラストや動画作成など、専門的なスキルの習得ができるところもあります。

就労継続支援

　自分が仕事をするということがイメージできていなかったり、集団での生活や活動に苦手さを感じている場合は、一般就労をする前に就労継続支援を利用するという選択肢があります。

　就労継続支援にはA型とB型があります。

就労継続支援 A型

　一般的にイメージされるサラリーマンのように雇用契約を結ぶ働き方で、労働報酬には最低賃金が保証されています。全国的な平均賃金は1か月で6〜7万円ぐらいです。主に箱折りや袋詰めなどの軽作業が多いのですが、なかにはホームページ作成やイラスト、動画作成、カフェスタッフなどを仕事としている事業所もあります。

就労継続支援 B型

　一般就労が難しかったり、雇用契約に基づく就労が難しい方に働く場所を提供しています。雇用契約を結ばないため、労働の対価は工賃として1か月で3千円〜3万円程度が支給されます。

　仕事の内容は、パンやお菓子の製造、クリーニング、部品加工、農作業、袋詰め、清掃などさまざまです。労働時間が短く、ノルマもないため、体調に不安のある方や長時間労働することが不安な方が利用できます。

　これらの事業所の利用を考えたときは、ぜひ相談支援専門員に聞いてみてください。近隣の事業所の情報をたくさん持っていると思いますので、本人に合う事業所を選定してもらえるでしょう。

俺、昔っから友達とかいなくてさ。

よくわかんないヤツらと仲良くなんてできないし

あいつらだって

俺のことわかろうなんて思ってないんだろ。

学校？　嫌いに決まってるじゃん。

みんな俺のこと嫌いだったから

近寄ってこないし

先生はいっつも俺のことなんか無視だ。

才能とかあるヤツって、いいよな。

俺、なーんもねーんだよな。

どうせ俺なんか何やってもうまく行かないし。

そんでも、高校を卒業して自由になった。

今はグループホームに住んでて

これから仕事をするための練習を毎日してる。

働くとか正直かったるいけど

自分で稼げば誰にも文句を言われないんだ。

悪くないよ。

はやしばらそうた
林原壮太さん

18才

思春期のトラブルで下がった自己肯定感
社会との距離を生活介助と支援で縮める

　壮太さんは小学生のときに両親が離婚し、お母さんとアパートで2人暮らしをしていました。ADHDと診断されていて投薬もしていたのですが、中学に入った頃から次第に周囲とのトラブルが増えていったそうです。

　授業に集中できず、手遊びや居眠り、ノートに落書きをして時間を潰すように過ごしていたかと思えば、先生に指されてもいないのに、突然質問をして授業を中断させてしまうことがありました。先生が相手にしてくれないと、何度も質問を繰り返すので、他の生徒の保護者から授業妨害ではないかと学校にクレームが来ることも珍しくありませんでした。特に興味のない授業では、教室を出て校内を徘徊することもありました。

　こうした言動から、クラスでは浮いた存在になり、やがて壮太さんは誰とも口をきかなくなりました。

　壮太さんが学校でトラブルを起こすたびに、先生からお母さんに電話をしたのですが、会社勤務で連絡がつきにくく、電話がつながっても「息子が学校にいる間のことは学校で考えてほしい。それが無理なら、持たせてある頓服薬を飲ませてくれればいい」という、学校側としては非協力的と感じられる対応でした。

　周囲から理解されずに孤立していた壮太さんは、中学3年生のときに、とうとう学校で暴力事件を起こしてしまいます。同級生との喧嘩で相手を殴り、止めようとした先生にも手を出した上に、学校の物品を壊してしまいました。壮太さんはそれまで何度も校内でトラブルを起こしていたため、このときは校長先生の判断で警察に通報されることになったということでした。

　留置後、壮太さんは少年鑑別所に移送されました。付添人である弁護士から、入所期間を終えた後の壮太さんの生活について相談をしたいという連絡が相談支援事業所に入り、私たちは壮太さんの家族と面談することになりました。

お母さんとの近すぎる関係を解除するために、まずは一人で入浴できるように身体介護、そしてグループホームでの生活へ。

壮太さんのお母さんとの面談で、お母さん自身にも発達障がいがあることを告げられました。「だから、私はこの子のことはよくわかっています。でも学校では、先生たちがきちんとした対応をしてくれないから、この子が爆発するのです」と語るお母さんは、家では常に壮太さんの世話を焼いているようでした。

年齢の割には近過ぎる、母と子の距離感

学校では友達もなく、誰とも接したがらない壮太さんですが、お母さんとの仲はとても良く、中学生とは思えないほど距離の近い親子に見えました。実際、アパートの部屋は1DKだったので、2人で1つのベッドに寝ています。一緒にお風呂に入り、お母さんはいつも壮太さんの身体を、幼児の頃と変わらない様子で洗ってあげていたそうです。それが壮太さん親子にとっては普通のことでした。

少年鑑別所を出た壮太さんは、なんとか中学を卒業して将来のためにも高校に進学させたいというお母さんの強い希望もあって、中学校の元のクラスに戻ることになりました。私たちは、生活面で壮太さんを支援することを考え、放課後等デイサービスと移動支援の利用を計画すると共に、さらに重要な支援として、ヘルパーによる身体介護（入浴）をプランに盛り込みました。思春期真っ只中の15歳という年齢の割には、お母さんとの距離感の近すぎる今の生活の見直しがまず必要だと判断したのです。

学校で孤立を深めてしまった原因は

いつも壮太さんの気持ちを察して、身の回りのことをしてくれるお母さんがそばにいる自宅と、自分のことや気持ちを言葉で伝えて、周りとコミュニケーションを取ることを求められる学校とでは環境が正反対です。壮太さんの場合、このことが「何をやってもうまくいかない」と感じる機会を増やしてしまい、自己肯定感が下

がる原因になっていました。そして周囲に馴染めない自分を構ってくれず、常に自分を否定的に見ているという目で周りの人たちを見るようになり、学校での孤立を深めてしまったようです。

自分の気持ちと向き合える場所と時間を

まずは、将来の自立した生活に向けて一人で入浴ができるように、ヘルパーの支援を開始しました。そして学校が終わってから利用する放課後等デイサービスへの通所も開始。ここでは一日の学校生活でつらかったり嫌だったことでグシャグシャになった気持ちのクールダウンをします。それから宿題をして、ソーシャル・スキル・トレーニング（SST：社会生活に必要な対人コミュニケーションの方法や自己管理の手段を学ぶ認知行動療法の一つ）を行ってから自宅に帰るという、新しい生活が始まりました。

お母さんは仕事の関係で土日は家にいないことがありました。そんなときは移動支援のガイドヘルパーと外出したりして、休日の余暇活動を充実させるようにしました。

壮太さんは高校生になってから、洋服を自分で選ぶようになりました。郊外に新しく大型ショッピングモールができたときには、ヘルパーと一緒に出かける約束をとても楽しみにしていて、当日も買い物を楽しむことができました。

20 歳からの自立生活に向かって

こうして他人と接するスキルを学び、自分の気持ちを伝えたり、ストレスを上手に発散できるようになってきたことで、壮太さんの様子は落ち着いてきました。学校でも以前のように授業中にトラブルを起こしたり、暴力を振るったりするようなことはなくなり、先生やクラスメイトとの関係も少しずつ改善していきました。

その結果、中学卒業後は地元の公立高校への進学を果たすことができました。そして充実した 3 年間の高校生活を送った後、壮太さんはお母さんと暮らしたアパートを出て、一人でマンション型のグループホームに入居することになりました。各自一部屋が用意されていて、朝食と夕食は食堂で用意した食事を食べることができ、昼食はそれぞれ外食やコンビニで購入するなど、各自で食べるようになっています。

壮太さんは、日中は生活訓練事業所に通所し、金銭管理や SST などを学んでいます。20 歳までに一人暮らしを始め、一般就労（障がい者枠を含む）することを目標にしていて、それを実現するために、現在は主に生活面を整えるための支援を受けています。

どうしてあんなことをしたんだ、って？
まぁ、なんとなく。

遊んでたら、仲間の誰かが言ったんだよ。
「あの店、よく鍵をかけ忘れるんだぜ。
レジに金入ったままなのによ」って。

なんか、そんときのノリで
みんなで忍び込んだんだよ。
だいたい、鍵かけ忘れるほうが悪くね？

俺がほかのやつらみたいにうまくやれねぇのは
障がいがあるからなんだろ？
俺にどうしろって言うんだよ。
でも、この前会った支援者だって人は
よく話を聞いてくれた。
なんか少し、俺でも大丈夫なんじゃないかって
思った。

田沢海斗さん

24才

非行や犯罪の背景にある問題への
適切なアプローチが更生と社会復帰を進める

３人兄弟の末っ子に生まれた海斗さんには、発達障がいと知的障がいがありました。小学校は上の２人のお兄ちゃんと同じように地域の学校に通い、算数、国語、理科、社会は支援学級で授業を受け、体育や音楽、図工、道徳の時間は通常学級で受けていました。中学校は知的障がいがあることを考慮して、担任の先生から勧められた支援学校への進学を選びました。

支援学校では、海斗さんは持ち前の明るさと行動力ですぐに人気者になりました。クラス代表や、高等部に入ってからは生徒会役員にもなり、友達もたくさんできて楽しい学校生活を送りました。卒業後は、夏にインターンで行った就労継続支援A型事業所に通うことを決め、順調に社会人としてのスタートを切ったのでした。

ところが、21才のときに海斗さんは窃盗事件を起こします。初めは自転車、２回目はバイクを盗んで捕まり、今度は地元の仲間数人とともに近所の商店に盗みに入って起訴されました。

身元引受人であるお母さんは、海斗さんの国選弁護士からたくさんの質問を受けることになりました。海斗さんにはどんな障がいがあるのか？　なぜ、支援学校に進学したのか？　就労継続支援A型とは何なのか？　このときの国選弁護士には"発達障がい"の知識がまったくなかったのです。そしてお母さんもこれらの質問にほとんど答えることができませんでした。実はお母さんにも軽度の発達障がいと知的障がいがあり、海斗さんの障がい特性をよく理解していなかったのです。現在海斗さんが利用している福祉サービスや、受けている支援についても、他人に説明を求められても詳しく話すことができません。そこで、お母さんは役所の障がい福祉課に相談に行き、そこで相談支援事業所の存在を知って私たちを訪ねて来られたのでした。

司法手続きに福祉が介入することで、一人の人生が大きく変わる。

発達障がいのある人が法に触れる行為をしたときは、障がいの特性や生活環境の課題などを適切に把握し、きちんとアセスメントすることが重要になります。

お母さんが私たちに相談に来られる以前にも、海斗さんは窃盗罪で逮捕されて服役していたことがあり、今回は再犯で2回目の起訴でした。

お母さんから詳しく事情を聞いた後、私たちはまず海斗さんの弁護士と面談を行い、海斗さんの障がいについて説明と認識の共有を図りました。そして、海斗さんと留置所や拘置所で面談し、障がい特性による将来の行動を予想した上で必要な支援を検討するアセスメントを行いました。

さらに、海斗さんは毎月、お母さんが付き添ってメンタルクリニックに通院していたため、担当の医師からも障がいの情報を得ることができました。

本人の障がい特性を的確に把握する

海斗さんが窃盗をするのは、遊ぶ金欲しさからでした。衝動性の高さや、他人の物を盗むとどうなるのか、被害者がどう思うかといった想像力の欠如は障がい特性によるものですが、こうした視点が前回起訴されたときにはまったく考慮されなかったことになります。さらに、服役後の更生についても何も支援を受けておらず、このことが今回の再犯につながるべくしてつながったと考えられます。

実は、海斗さんの2人のお兄さんにもそれぞれ発達障がいがありました。ただしお兄さんたちには知的障がいはなかったことから、地元の高校を卒業して今は近所の工場などで働いていますが、学生時代は学校の成績は振るわず、暴走族にも入っていました。一家はお父さんを含めて5人家族で暮らしていますが、実際にはお父さんとお母さんは離婚していながらも同居を続けているという複雑な家庭事情もありました。お父さんは毎日パチンコに興じ、お酒を飲めば暴れることがありましたが、子どもたちにはやさしかったそうです。

入口支援と的確な弁護が行われた結果

こうした生い立ちや生活環境も考慮し、私たちは入口支援として更生支援計画書を作成し、福祉的支援の準備をして法廷に立ちました。

入口支援とは、障がいのある人が法を犯して刑務所に入る場合、出所後に更生のための生活訓練などの支援を受ける期間を刑期から差し引くなどの取り決めをしておくことで、裁判で決められる量刑に働きかけることも可能な支援です。

更生支援計画は、障がいのある方にとって、刑務所での矯正よりも、今後の精神的な基盤や生活の基盤を地域の中に作っていく福祉的介入のもとで更生を図る方が、再犯防止のために効果的であることを、裁判官に対して説明するものです。

法廷では、私たちが弁護士に海斗さんの障がい特性についてよく説明を行っていたことで的確な弁護が成されました。その結果、障がいがあることに十分な配慮を受けることができ、2回目の起訴では異例となる執行猶予つきの判決が下りることになりました。

更生、そして再犯防止に向けた支援が始まる

執行猶予がついたことで、私たちは早速海斗さんへの支援を開始しました。拘置所を出ると家に帰れますが、家族の金銭を盗むなどして家庭内でも問題を起こしていた海斗さんに対して、家族はこれまでのように家で保護していくことを望みませんでした。また、近所には一緒になって悪さをする仲間もいて、家に戻ればまた彼らと連んで犯罪に手を出してしまうことをお母さんは心配していました。

生活環境改善のための支援として、少し郊外にあるグループホームへの入居が決まりました。そして日中はグループホームと同じ系列の就労継続支援A型事業所に通うことになりました。海斗さんは支援学校卒業時にも就労継続支援A型に通っていましたが、今回は発達障がいの特性に対応できる事業所を利用することになります。

司法の場に福祉の介入機会を増やす必要性

発達障がいがあることは、決して非行や罪を犯してしまう直接の原因ではありません。ただし、障がい特性によって生きづらさを抱えていたり、環境によって負荷が増して特性を制御することが難しくなっていたりといった要因によって法を犯してしまう人は少なからず報告されています。犯罪防止や再犯防止の観点からも、福祉的専門性の高い相談支援専門員による、積極的な介入が必要になると考えられます。

家族から離れてグループホームで暮らすという選択

自立しなければ、させなければ。でも、自立とはどういうことでしょうか。

とにかく一人になりたい。自分の時間が欲しい。

　家を出たいと希望する事情はさまざまですが、距離感が近すぎて互いを攻撃してしまうことで、家族から離れて生活がしたいという思いに至る例は少なくありません。一緒に暮らしていると、自分の部屋があっても頻繁に家族から干渉されて、常に監視されていると感じてしまいます。「宿題はしたの？」「明日の学校の準備はしたの？」「早く寝るのよ」といった、親からすれば子どものためを思って何気なくかけている言葉が、子どもにしてみれば常に親の言葉に追われながら生活をしている感覚に襲われているのです。

　学生の頃だけならまだしも、社会人になってからも「明日は仕事だから早く寝るのよ」「寄り道しないで帰ってくるのよ」と世話を焼かれることで、自分はいつまでも自立した一人の社会人、大人として接して貰えないと感じるようになります。

一人暮らしか、グループホームか。

　グループホームと一人暮らしの大きな違いは、グループホームでは社会性を身につけるためのルールが設けられている点です。例えば、家事の分担や門限、喫煙場所、飲酒のルール、生活音のマナーといったものです。このようなことが身についていないと、一人暮らしをしても近隣トラブルにつながります。（グループホームはそこで生涯暮らすことができますが、自治体によっては一人暮らしを目指すための、利用期限のある通過施設と位置付けられています）

　グループホームは共同生活援助事業と呼ばれる支援の一つで、公団やマンション、一軒家などさまざまな形態があります。居室以外を共同で使用し、2人から数人程度の利用者さんや世話人と呼ばれる職員の方々と生活を共にします。何もかもを自分でやっていかなければいけない一人暮らしと違って、共同生活の中で自分一人では苦手だと感じる部分を世話人に相談して、手伝って貰うことができます。そうして他の利用者さんと一緒に、お互いに支え合いながら自分の生活を作っていく場所です。

　利用の方法として、初めは体験型という1週間、2

68

週間、1か月という短い期間から慣らしていくこともできます。本格的に利用が始まってからも週末の土日は自宅に帰宅される方もいます。家族との距離感を大事にしながら、自分のペースで生活リズムを作っていくこともできます。

グループホームでの生活にかかる費用は、家賃（おおむね2万円〜5万円のところが多い）、食費（月2〜3万円が目安）、水道光熱費、その他生活費などです。

家族以外の人たちと生活するメリット

20年、30年一緒に暮らし、互いが互いのことをすべて知っている家族との生活は安心感がありますが、「すべて知られている」「いつも自分のことを見られている」という圧迫感も存在します。人には何かしら、家族に知られたくない“自分だけの世界”があるものです。特に思春期以降の子どもにとって、こうした自分だけの時間や自分だけの世界は、家族に隠していても干渉されたり、秘密が知られたときに質問攻めにされる不安や、秘密を抱える罪悪感に苛まれながら生活する苦しさにつながっています。

グループホームでは、家族が知らない自分を表に出して、家族以外の“外の世界”の人たちと関係を築きながら新しい生活を再スタートすることができます。

支援を受けながら自立する

「自立をした生活をしなさい」「働くことは自立することだよ」と言われながら私たちは大人になってきました。自立とはどういうことなのでしょうか。社会に出て働くこと？　一人暮らしをすること？　結局、「自分の力で自分のことをすべてできるようになること」だと考えられているような気がします。私たちはこの一種の呪いのような“自立”という言葉に、知らず知らずのうちに囚われていないでしょうか。

福祉の社会では、支援を受けながら自分らしい生活を続けられるようになることを自立と考えています。グループホームには、就労してお給料をもらっている方もいれば、生活保護を受けている方、障害年金をもらっている方など、さまざまな方法で生計を立てて生活している方がいます。また、一日一日の過ごし方を世話人と相談しながら、自分にあった多様で自分らしい生活を実現していくことができる場です。

グループホームは“住まい”です。

障がいのある方々が地域で生活をするための大切な家ですから、住所や電話番号などは公にされていません。グループホームを探すときには、相談支援専門員にご相談ください。その地域のグループホームの情報を的確に教えてくれるでしょう。

僕は今、グループホームで暮らしています。
離れて暮らすことで、親と子、それぞれの生活はどう変わったか。

篠田智晶さん
（しのだともあき）
22才

お母さん
篠田綾香さん
（しのだあやか）

　最後の事例は、21才で家族を離れ、グループホームを利用し始めた智晶さんのケースです。智晶さんは小学3年生のときにADHD（注意欠陥・多動性障がい）と診断されています。地元の小中学校から東京都内の単位制の高校に進学し、大学を卒業しました。グループホームに入居することを決めたのは大学4年生のときでした。

　それからもうすぐ1年が経つというところで、普段の生活の様子や思いなどを聞いてみると、入居することになった経緯や当時の心境まで、詳細に話してくれました。

　そしてもう一人、智晶さんの発達障がいの特性に苦しみ、共に悩んできたお母さんからも、さまざまな支援を利用してきた経験談を伺うことができました。

——今暮らしているのは、リビングを共有しながら個室で暮らすタイプのグループホームでしたね。

僕の部屋は6畳で、収納もあります。そこをもう一人と共同で使用します。食事は食堂で用意されたものを食べられます。ただ僕はそれ以外にも、お腹が空いたらコンビニで買ってきて食べたりもしています。

——家では昼夜逆転の生活でしたが、今はどうですか?

家にいたときは普通に午後3時とかに起きてましたね。親に文句を言われても、何時に起きようが自分の自由だったので。でも今は、毎日朝7時半に起きます。学校がない日も。それは自分で決めました。前日友達と遊んで遅くなっても、7時半には必ず起きるというルールを作って守るようにしています。目覚ましをかけて、見守りのスタッフさんからも声をかけてもらうようにして。最初の頃は寝過ぎてしまうこともあったのですが、最近はそんなこともほぼなくなりました。あ、だからかな?夜もよく眠れています。どんなに夜遅くなっても、起きる時間を一定にしておくと夜は自然と眠くなっているみたいです。

グループホームに入っていなかったら、今も昼夜逆転が続いていたと思います。生活のリズムが整ったのが、グループホームに入って良かったことですかね。

——やっぱりスタッフさんに声をかけてもらうことの効果は大きいですか?

そうですね。大きいです。自分だけだとやらないです。朝、声かけて起こしてもらった後、食堂に朝食を食べに行くんです。そうすると目も覚めて二度寝をすることもなくなりました。

——お風呂もちゃんと入れてるみたいですね。

これも声かけしてもらうことで入れています。シャワーだけではあるんですけど、ちゃんと身体を洗います。別にお風呂が嫌いなわけじゃないんです。つい自分のやりたいことが優先になってしまうんですね。

——そこを手伝ってもらってうまくいっているということですね。

そうなんですよ。以前はアラームを使うようにアドバイスをされたのですが、僕、アラームを無視するんですよ。例えばゲームをしているときにアラームが鳴っても、やっぱりゲームが楽しいので、アラームを自分で止めて続けてしまう。だけど、人に声をかけられると、今やらないとまたあとで来られて面倒だな、じゃあ今すぐやってしまおう、となるんです。

——家族からの声かけだとそうはいきませんか?

ダメですね。家族ではない他人だから、その存在を意識して利用できているみたいです。

——部屋は片付くようになりましたか？

いやー、それが…。食べようと思ってコンビニで買ってきたものを、そのあと何かに没頭して忘れてしまうんですよ。それが床に散らばったものの下から出てきたりして。たまに健康意識がすごく高まってしまうときがあって、思いつきで野菜とかバナナとか、茹で卵を買うんですけど、その気分が落ち着いてしまうとすっかり忘れて腐らせてしまう。同じ買って来たものでもポテチとかは間違いなくちゃんと食べるんですけど。

散らかったのが気になっても先延ばしにするところは相変わらずです。それなので、スタッフさんが「この部屋の状態はまずい」と判断したタイミングで片付けるように声かけをしてもらって、よっぽど急ぎの用事とかがない限りは、すぐにやるようにしています。

——片付けはスタッフさんの手伝いが必要ですか？

いや、そこは自分で片付けます。一緒にやってもらってしまうと、なんだかんだでずっと頼ってしまうかもしれないと思うので。だから、声をかけてもらって、自分がやり遂げるまで見守ってもらうことにしています。

——家族と離れて暮らしてみて、どんなことが変わったと思いますか？

親との物理的な距離ができたことで、ケンカしても次に顔を合わせたときには冷静になれて、嫌な気持ち

を引きずらなくなりました。

高校生の頃って、勉強や進路のことなど重要なことを親と話さなければならない機会が増えますよね。でも、話しているうちに言い争いになることは多くて、それを何日も引きずって家の中がすごくギスギスして。それで学校に提出するので母親に書いてもらわなければいけない書類とかを頼みづらくなったり、言いたくないという状態になってしまうので困ったということがよくありました。

——離れたことで、お互いにクールダウンできるようになったということでしょうか。

そうですね。今思うと、もっと早く利用することができたのであれば、そうしたかったと思いました。それまで何度か短期入所というのを体験してるのですが、これは親が入院したり、僕と距離を置く必要があると考えたときに使っていました。

——実際にグループホームに入所することを、家族からどのように説明されましたか？

グループホームという言葉を親から聞いたのは、大学に入ってからですね。体験で短期入所をしたのですが、そのときは詳しいことを何も聞かされていなかったので、これってなんの意味があるの？と思っていました。

入居することになったときは、学校に近くなるから通

学が便利になると言われました。実際、家から通うよりも学校に近くなるんです。

　でも本当のところは「家族に迷惑がかかるから出て行って」と追い出されたようなものだということはわかってました。だから、そういう言い方をされていたらテコでも動かなかったと思います。だったら、もっと公的な手続きをとって収容所にでも入れてよ！と、僕からしたら、そういう気持ちです。「あなたといると私たちが損をするので消えてください」って言われているってことだから、それに従っても僕にとって得なことがないんです。だけど通学時間が短くなることは自分にとって大きなメリットでした。それで、入居してもいいと思いました。

———入居するにあたって不安はありましたか？

　事前にネットで調べたら、あるグループホームで窃盗事件があった記事を見つけて、そのときはちょっと怖いなと思いました。それで実際に見学に行ったときに、施設内に結構監視カメラがついてることがわかったんです。もちろん、個室内にはありませんよ、プライバシーのことがあるので。でも、リビングにはあるので、住人間のトラブルなんかもカメラがあれば起こりづらいだろうなと思えて安心しました。もしトラブルがあったときに、証拠を押さえられなかったら嫌だなと思っていたので。だから僕にとっては監視カメラがあったこと

が大きくて、実際に行ってみて不安が消えました。

　あとは、自分は多動があるので、考えごとをするときに室内をぐるぐると歩き回ったり、一人でしゃべりながら何かしたりとか。そういうことをうるさいからやめて、と言われたらどうしようかと思っていました。でもスタッフさんが僕の特性を理解してくれているので、今のところは大丈夫です。

———健康管理の面ではどんなサポートがありますか？

　出先でケガをしたときなど、スタッフさんが手当てをしてくれます。僕はケガをする頻度が高いので助かります。あと、身体の調子で気になることがあったり、自分で判断に迷うときは相談できるので安心しています。コロナに感染したときも、療養施設などの情報を教えてもらえて対応してくれたので助かりました。

　他の人を見ていても、細やかに対応してもらっていると思います。たくさんの種類の薬を飲んでいる人もいるのですが、その管理や記録などをスタッフさんがしているところ見ているので、とても手厚さを感じます。

———友だちにはどんな風に説明していますか？

　大学では仲の良い友だちが３〜４人いますが、まだみんな親元で暮らしています。僕が一番最初に親元を離れて暮らし始めたことをみんな意外だって言っていますね。

智晶さんのサービス等利用計画案

氏名	篠田 智晶	計画案作成日	20XX 年 4 月 1 日	モニタリング期間（開始年月）	3 月ごと

利用者及びその家族の生活に対する意向 （生活で困っていること等）	・親元を離れて毎日学校に通いながら自立した生活を送りたい。自分に合う安定した仕事に就きたい。（本人） ・母子共に適切な距離を置くことができ、将来の自立への足掛かりとしたい。（母親）

優先順位	解決すべき課題 （本人のニーズ）	支援目標	達成時期
1	体験利用したグループホーム（以下、GH）に入居して大学に通いたい。	・昼夜逆転傾向が改善され生活リズムが整い、グループホームから学校にも通う。 ・生活リズムを整え、朝晩の食事をきちんととることができるようになる。 ・日常生活に必要な支援についてアセスメントし、将来の自立に向けた支援体制を整備する（特に食事、清潔保持、掃除、洗濯）。 ・金銭の利用方法や、収支をつけられるようになり、金銭管理ができるようになる。 　体験中と同じように、安定した生活がホームでおくれる。	1年後
2	安定した体調で、今の生活を維持したい。	・定期受診を生活支援員に同行をしてもらい（月1回）、現状の生活を医師と共有することができ、内服についての相談を行っていく（服薬確認継続）。 ・睡眠、食事をきちんととり、規則正しい生活に努める。 ・支援員さんに自分の気もちを伝えて、共感してもらう機会をたくさん作る。	1年後
3	将来の事を相談に乗って欲しい。 今後も大学に通いながら、自分の個性が活かせる道を一緒に考えてほしい。	・本来のご本人の発達上の個性に自我が直面することになり、コロナ禍という特殊な生活状況の影響も受けて、現在は強い自己否定感を持って精神バランスが崩れ始めているものと思われる。 ・年金、就労支援など卒業後の福祉サービスを含むフォーマルな支援について、ご本人が理解し選択出来るよう支援する（一般就労、自立訓練、就労移行支援など）。 ・相談員や支援員さんに自分の気もちを伝えて、共感してもらう機会をたくさん作る。	1年後

総合的な援助の方針	・福祉サービスや医療サービスを利用して、生活リズムが整い自立した生活が送れるように支援体制を整備していきます。 ・自分自身の個性や心性について理解を深め、適切な自我のコントロール力が身につくように支援していきます。
長期目標	・支援者との信頼関係の中で精神的な安定の基盤を作り、将来の自立を目指したい。 ・GHに入所しながら大学生活を継続し、卒業後もGHから通勤できるようになる。・卒業後の就労に向けて準備ができる。
短期目標	・GHに入所し大学生活を継続できる。昼夜逆転せずに今の生活を維持することができる（朝晩の食事をGHでとる等）。

福祉サービス等 種類・内容・量 （頻度・時間）	課題解決のための 本人の役割	評価 時期	その他留意事項
共同生活援助 ／当該月日数	大変な気もちになったり、困った時には、遠慮なく支援員さんに伝えてください。	3月ごと	・入所者が増えることで、ストレスの増強が予測される。 ・本人の自我の成長に伴い、次第に母子関係が安定し始めてきている。母親と距離を取ることで、反対にしっかりとした愛情の確認ができるようになるのではないかと、期待したい。
共同生活援助 ／当該月日数 定期通院（自立支援医療） セルフケア	支援員さんと一緒に定期的に受診しましょう。 きちんと服薬し、規則正しい生活を送りましょう。	3月ごと	・絵に描くことや、関係を図に書くことなど、視覚化することで、考えをまとめて行動に移す手立てとすることができる方なので、支援者とのコミュニケーション方法として利用することは有効。 ・メンタルストレスの解消法について、具体的な対策手段をご本人と一緒に考え，実行し，効果について見直し検討をする。一緒に，より良い方法を捜していく等の支援をする。
共同生活援助 ／当該月日数 計画相談支援 　随時	生活上のストレスは誰にでもあります。頑張りすぎて、ストレスがたまらないように、いつでも相談してください。	3月ごと	・環境の変化や、色々な体験を経ながら、精神的なコントロール力を身につけて行くことが必要である。 ・社会的自立を急ぐ必要はない。卒業後に、発達上の個性をご本人なりにうまく使いこなせるような力の育成に時間を掛けることも必要と思われる。

週間計画票

	月	火	水	木	金	土	日・祝
6:00							
8:00	起きる 7:00 から 8:00 朝食提供	起きる 7:00 から 8:00 朝食提供	起きる 7:00 から 8:00 朝食提供	起きる 7:00 から 8:00 朝食提供	起きる 7:00 から 8:00 朝食提供	起きる 7:00 から 8:00 朝食提供	起床・朝食等
10:00〜16:00	大　学	大　学	大　学	大　学	大　学	フリーデイ / アルバイト	フリーデイ ゆっくり 過ごす
17:00	17:00 下校	17:00 下校	17:00 下校	17:00 下校	17:00 下校		
18:00	夕食提供	夕食提供	夕食提供	夕食提供	夕食提供	夕食提供	
20:00	シャワー 自由時間	シャワー 自由時間	シャワー 自由時間	シャワー 自由時間	シャワー 自由時間	シャワー	夕食提供
22:00	寝　る	寝　る	寝　る	寝　る	寝　る	寝　る	シャワー / 寝　る
0:00							

主な日常生活上の活動

・本来のご本人の発達上の個性に自我が直面することになり、コロナ禍という特殊な生活状況の影響も受けて、現在は強い自己否定感を持って精神バランスが崩れ始めているものと思われる。

・年金、就労支援など卒業後の福祉サービスを含むフォーマルな支援について、ご本人が理解し選択出来るよう支援する（一般就労、自立訓練、就労移行支援など）。

・相談員や支援員さんに自分の気もちを伝えて、共感してもらう機会をたくさん作る。

週単位以外のサービス

月1回、病院に通院（精神科）　　グループホームの支援員と一緒に通院予定

サービス提供によって実現する生活の全体像	・福祉サービスを使い、自宅を離れて母親以外の安定した人間関係を構築することで、自力で精神的な安定を保ちながらストレス対応できる力を増やし、将来の自立への道筋を積み上げていけることを期待する。 ・グループホームに入居することで、整った生活のリズム食習慣が維持でき、卒業後の自立した生活の実現に向けて準備が出来る。

次は、智晶さんのお母さんに聞いてみました。

——智晶さんが ADHD と診断されたのは小学 3 年生のときだったと伺いました。そこからどのように福祉サービスを利用されてきましたか？

　実は診断されてから、初めて移動支援を利用するまでに少し時間が経っています。手続きをするまで迷いもありましたし、他人にサポートをお願いするイメージがわかなかったのが理由です。でも、シングルマザーだったので土曜日は仕事があり、智晶をなかなか遊びに連れて行くことができなくて。移動支援なら障がい者手帳や福祉サービスの受給者証を持っていなくても利用できることを知って、使うことにしました。当時は 1 か月に 8 時間まででしたが、夏休みには動物園や水族館、スカイツリーなどの観光にも一緒に行ってもらっていました。

——移動支援はかなり利用したと伺いました。

　中学、高校の間もずっと利用してきました。そのぐらいの年齢になると親との外出を嫌がりましたし、特にカウンセリングなどには自分からは絶対に行きたがりません。高校 2 年生のときに、最初の 2 回ぐらいは私が連れて行ったんです。そうすると本人は行きたくないものだから、電車の手すりにしがみついて「降りたくない！」とわめいて嫌がることもあって。親と一緒だと途中でケンカになってしまうし、だからといって、一人だと行ったふりをしてサボってしまう。でも、他人が付き添ってくれる移動支援を使うとちゃんと行ってくれるんです。お金を持たせて、帰りに何か食べてきていいというご褒美は必要なんですけど、そうすると我慢して行けるんです。

——智晶さん本人は移動支援を使うことをどう考えていたのでしょうか。

　私が一緒だとつい叱ってしまうのですが、ガイドヘルパーさんには怒られることがないので、本人も外出を楽しみにしていました。ガイドヘルパーさんには電車に乗るときの路線図の見方や、切符の買い方を教えてあげて欲しいとお願いしていました。おかげで、一人で電車に乗って出かけるられるようになりました。

——居宅介護も利用されたそうですが、きっかけはどのようなことだったのでしょうか。

　受給者証を取得したのは智晶が小学 5 年生のときで、きっかけは 2 才年下の妹への暴力でした。子どもたちは学校が終わって帰ると、私が仕事で家にいないので 2 人で過ごしていたのですが、智晶は学校で嫌なことがあると妹に八つ当たりすることがあって、あるとき、とうとう殴ってしまいました。そこで、居宅介護のヘルパーさんに私が帰宅するまでの間の見守りをお願いしました。

最初の頃の給付時間は月に 10 時間でした。妹が学童保育から帰って来る 18 時から、私が帰宅する 19 時までの 1 時間だけでも入って欲しかったのですが、これだと一週間のうち 2 日の利用も叶いません。そこで、モニタリングのときにもう少し支援が必要だという要望を繰り返して、少しずつもらえる時間数を増やしていきました。

——福祉サービスの利用を始めると、定期的に利用状況とサービス内容の確認がありますね。ヘルパーさんに来てもらうことで、智晶さんの様子は変化しましたか?

　最終的には 40 時間までもらうことができて、私の留守中、子どもたちだけという状況を避けることができました。家の中に家族以外の他人の目があることで、妹に暴力を振るうことはなくなりました。

——短期入所も利用していますね。

　智晶が高 2 のときに私が入院することになり、7 日間取ったのが最初です。そのときはかなり練習しました。何しろ私は付き添えないので、ショートステイ先まで智晶は一人で行かなければなりません。自転車で行ける距離でしたが、家からステイ先まで一人で行く練習を 2 回ぐらいしました。一日をどうやって過ごすかも、何を持って行くかもショートステイ先の世話人さんと話し合って決めました。そこから学校に通うことになるので、その練

習も必要でした。

　児童の短期入所を受け入れてくれる施設は少ないのですが、成人になると利用できる施設がとても増えます。それで、私の休息のために利用するようになりました。ワンルームの部屋を充てがってくれる施設があって、そこは近くに公園やスーパーがあってお菓子が買える点を智晶は気に入ってくれて、月に一度は利用しました。

　そこでは世話人さんと一緒に食事を作ることもあって、いろいろ教わりながら調理をするのがとても楽しかったらしいです。みんなと一緒に食事をしたことも。調理なども、教えればやれる子なんだということを知りました。家にいると何もしませんから。お湯ひとつ沸かさず、何も無ければ食べないか、ポテトチップとコーラを買いに行くだけの子でしたから。それが、そこでは一緒にやりましょうと、包丁は使えないけれども、他の道具を使って一緒に調理をした。この経験は大きいです。

——短期入所をひんぱんに利用するようになったのは、いずれグループホームを考えていたからでしょうか。

　もちろんです。グループホームのことは本人には伝えていませんでしたが、いつか一人暮らしをするときのための練習だよ、とは言っていました。

　私は親亡き後のことはずっと意識していて、智晶が 18 才になってからグループホームを探し始めました。い

つかは自立させなければいけないので、できるだけ早く地域の手にゆだねることに決めていましたから。ただ、相談支援専門員さんに探してもらってもなかなか希望の地域に空きが出なくて待つことにはなりました。

──智晶さんがグループホームに入って、家族の生活はどう変化しましたか。

夜中に起こされることがなくなって、よく眠れるようになりました。智晶は発達障がいの特性に関連して睡眠障がいがあって、夜眠れないと不安が強くなるためか、毎日夜中に何度も私を起こしに来ていました。これがなくなって、朝までぐっすり眠ることができる。離れて暮らしてみて初めて、これまでは一日の疲れをとるための休息の時間であっても、私は常にどこか緊張しながら過ごしていたのだということを実感しました。

──家庭の外からは見えにくい問題を抱えていたと言えますね。

これまでは母親である私が智晶に必要だと考える支援を利用してきたのですが、18才になると本人の意向が中心になります。さらに、相談支援専門員さんも今までの児童を担当されている方から、成人を担当されている方に替わりました。そのときにでき上がってきた支援計画を見てびっくりしたんです。今まで利用できていた

時間数が軒並み減っていました。どうしてこんなことになったのか、慌てて相談支援専門員さんに問い合わせると、智晶は、実際には支援が必要なことのほとんどを「できている」と答えていたんです。食事なんか肉とポテチしか食べないぐらい、すごい偏食なのに、自分では「困っていない」と思っている。お風呂にも問題なく一人で入れていると答えたようですが、実際には入るように促しても滅多に入ってくれない。結局、親が困っていることのほとんどは、本人にとってそうではないんです。だから、一緒に暮らしているからこそストレスを感じる。つまり発達障がいとは生活障がいということなんですよね。

──今後はどのような支援が必要だと考えていますか。

今は障害年金の申請をしているところです。智晶はグループホームの近くでアルバイト的な就労をしているのですが、生活費をまかなえるだけの収入ではありません。ときどき精神的に不安定になることもあって、長期間働けなくなる可能性もあることを考えると、障害年金を受給できれば安心です。

ここまでやってこられたのは、相談支援専門員さんが一緒に歩んできてくれたおかげです。いずれ私がいなくなった後も、智晶の人生を託せる方がいてくださるのはとても心強いです。

福祉のことはわからなくて大丈夫。こちらの持っている情報をこれからゆっくりお伝えしていくので、とにかくまず困っていること、聞いて欲しいことを話してください。

相談支援事業所の探し方

まずは相談に行く相談支援事業所を決めます。お住まいの市区町村の役場の障がい福祉課（自治体によって名称が異なる場合があります）に問い合わせて、利用できる相談支援事業所のリストを窓口で受け取ります。そこから選んで、事前に電話やメールで訪問の予約をしましょう。また、これまでに福祉サービスを利用している事業所がある場合は、そこで相談支援事業所を紹介してもらえる場合もあります。

相談に持っていくもの

①生育歴・既往歴 82ページ→

②お薬手帳

③障がい者手帳

④心理検査の結果
（子どもの頃と最近のもの）

⑤子どもの頃の情報
（母子手帳や学校の成績表など）

①はP82の相談票に記入することで代用できます。精神科以外の疾患や難病をお持ちの場合など、初めからお伝えいただくことで的確な支援を行うことができます。②〜④はお持ちでない場合は不要です。

面談の方法や内容は相談支援専門員によってそれぞれですが、これらの情報は必要です。また、⑤のように、子どものこれまでの状態がわかるようなものがあればお持ちください。

あなたの町で、どんな生活をしたいですか？
本人の希望をしっかり聞き取って、困りごとを解決し、理想とする生活を描いていきます。

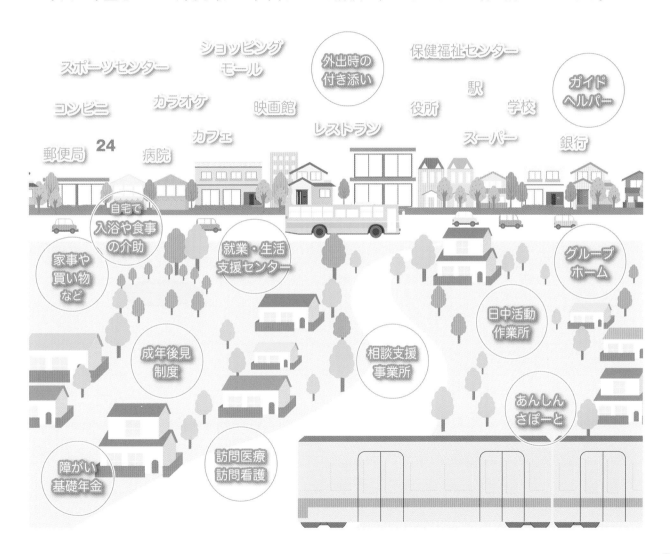

相談票

ふりがな
....

氏名
....

生年月日　　　　　年　　　　月　　　　日 生

住所
....

性別
- □ 男　　□ 女
- □ 答えたくない
....

年齢　　　　　　　　才
....

電話番号
....

生活歴

生まれた場所
....

小学校
....

中学校
....

高等学校
....

大学・専門学校
....

就職の経験
....

医療機関

内科
....

歯科
....

精神科
....

その他
....

医療保険

被保険者
- □ 本 人　　□ 家 族
....
- □ 国民健康保険　　□ 健康保険
....

記号：
....

番号：
....

自立支援医療、福祉医療の利用状況

身体障害者手帳 等級	☐ 1　　☐ 2　　☐ 3　　☐ 4　　☐ 5　　☐ 6
身体障がいの種類	☐ 視覚障がい　☐ 聴覚障がい　☐ 肢体不自由　☐ 内部障がい ☐ その他　（　　　　　　　　　　　　　　　　　　　　）
療育手帳（愛の手帳・愛護手帳）等級	☐ A1　　☐ A1　　☐ B1　　☐ B2　　☐ （　　　　　　） ※自治体によって等級の名称が異なります。
精神障害者保健福祉手帳 等級	☐ 1 級　　☐ 2 級　　☐ 3 級
障害基礎年金 等級	☐ 1 級　　☐ 2 級
その他の障害年金 等級	☐ 1 級　　☐ 2 級　　☐ 3 級
生活保護の受給	☐ 有　　　☐ 無
障がい支援区分	☐ 非該当　☐ 区分 1　☐ 区分 2　☐ 区分 3　☐ 区分 4 ☐ 区分 5　☐ 区分 6　☐ 認定未実施

過去の入所歴	過去の入院歴
☐ 有　　　　　　　　　☐ 無	☐ 有　　　　　　　　　☐ 無
期間　　　年　　月～　　年　　月	期間　　　年　　月～　　年　　月
施設名　……………………………	施設名　……………………………
期間　　　年　　月～　　年　　月	期間　　　年　　月～　　年　　月
施設名　……………………………	施設名　……………………………

あとがき

　この本に掲載した事例は、私や、今回ご協力いただいた仲間の相談支援専門員たちが、これまで実際に支援してきた経験を元に作成しています。これらの事例を通して、発達障がいがあることで社会生活につまずいたり、生きづらさを抱えてしまった1人でも多くの当事者、ご家族、支援者に光を届けたいという思いでこの本を作りました。

　私が障がい者支援に携わるようになって20年以上が経ちますが、この間に、福祉制度や医療制度は大きく変わりました。その中でも2004年に制定された発達障害者支援法はとても大きなインパクトがありました。発達障がいの定義が確立し、それまでほとんど知られていなかった「発達障がい」が、障がい者に関わる制度や法律の中に位置付けられたのです。こうして発達障がいに関わる法制度の整備が進んだことで支援につながった人もいますが、いまだに取り残されている人が数多くいるのが現状です。

　私たち相談支援専門員のところには、毎日さまざまな相談が寄せられています。発達障がいを持つ方には、見た目には障がいがあることがわかりづらい方が多くいらっしゃいます。そのため、特性による極端な言動やコミュニケーションの苦手さなどから、周囲から理解してもらえずに孤立してしまい、そのことがきっかけとなってひきこもりや不登校、うつや統合失調症などの二次障がいを発症して相談に来られる方が大半です。また、「8050問題」とも言われるように、ご両親が高齢になって始めて支援につながる方もいます。

　そうして相談に来られたご家族の皆さんのほとんどが疲弊しきっており、面談時には、これまで抱えてこられたつらさのあまり、涙を流しながらお話しされることが多々あります。そのようなとき、私は「相談に来てくれてありがとう」という思いと同時に、「もっと早く出会えていれば…」という思いがこみ上げるのです。これまで誰にも打ち明けられずに苦しんできた、当事者やご家族、その周りの人たちに、1人でも多く相談支援専門員の存在を知って欲しいのです。

　相談支援専門員は、ソーシャルワークの専門家である社会福祉士や精神保健福祉士、介護のプロである介護福祉士、医療の専門職である看護師、理学療法士などの国家資格を持った人が一定の研修を受けて業務を行っています。そのため、ベースとなっている資格によって得意分野や苦手な分野があるかもしれません。しかし、相談支援専門員は間違いなく皆さんの味方なのです。

どうか私たちに、皆さんの困りごとやお悩みに、一緒に関わらせてください。すぐに解決できることばかりではないかもしれません。しかし、私たちは皆さんの人生の伴走者として、一緒に悩み、考え、そして一緒に前を向いて歩いていきたいと思っているのです。

このような思いを胸に執筆を終えた今、改めてこれまで関わってくださった利用者さん、ご家族、スタッフ、支援関係者の皆さんに感謝を申し上げたいと思います。また、この本を書くにあたって協力してくださった皆さん、監修してくださった青木先生、本当にありがとうございました。心から感謝しております。

今後も、私の経験が少しでも皆さんの人生に役立つことを願い、より深い課題をテーマとした次作の執筆にも取り組んで参ります。すべての人が自分らしく、胸を張って生きていける社会の実現に向けて、これからも活動していく所存です。

最後までお読みいただき、ありがとうございました。

辻　圭輔

相談支援専門員／介護支援専門員

社会福祉士・精神保健福祉士・公認心理師・介護福祉士・保育士

日本福祉大学大学院　社会福祉学修士
修士論文のテーマ：「精神障害者の外出支援に関する研究」

2006 年　有限会社ダンデライオン 設立
2012 年　ケアサービスダンデライオン 開設
2016 年　ダンデライオン相談室 開設
2017 年　ケアサービスダンデライオン名古屋 開設
2022 年　NPO 法人ダンデライオン 設立
　現在は、相談支援専門員、介護支援専門員の資格を活かし、ワンストップ型の相談援助職として従事している。

「すだちとともに」出版に寄せて

「追体験」という言葉をご存知でしょうか。それは、他者の人生を慮ることで、自らが体験したかのように、リアルに感じられること。いま・ここで、読者の皆さんが、「こんな生き方があるのか」と追体験をしていただけているとしたら、本書が産声を上げて、世に出た意味があると思っています。

本書が伝えたいことは、一人で抱え込まずに、相談支援専門員につながってほしい、ということ。今この瞬間も、大きな岩のような不安に押しつぶされそうな方もいることでしょう。その不安の背景には何があるのでしょうか。「周囲に何かを言っても、誰もわかってくれないから自分で抱え込むしかない」という『孤立感』。「この先、今の状況がどれだけ続くのだろうか」という『出口が見えない暗闇』。「このような状況になったのは、私のせいではないか」という『自責感』ではないでしょうか。

人は、そのような時、気持ちの整理なんてできませんし、うまく言葉にもできません。だからこそ、プロの相談支援専門員を頼ってほしいのです。やるせない悲しみや怒りを、思いっきり、相談支援専門員に吐き出してください。それを受け止めることから、いや、吐露していただくために、相談支援専門員はかかわりを始めます。

最後に。やっとの思いで、本書にたどり着いた読者の皆さんへ、私自身の 35 年間の経験からメッセージを述べさせていただきます。人は、現状があまりにも荒れ果てていたら思考が働きません。だから、お金や住まいなどの目の前の課題に相談支援専門員はかかわります。でも、課題整理や解決は、人生の目標にはなり得ません。

人は誰しも、社会でチャレンジしたい。それは、かつて、あれだけ傷ついたはずの社会だったとしても、です。でも、以前とは少し状況が異なります。なぜなら、今後、何かあったとしても、相談支援専門員に聞けるし、何よりも、嬉しいことを報告できるから。

誰もが、自らの人生の主人公。それは、本人だけではなく、家族も同じです。社会が作り出したちっぽけな標準や価値観に振り回される必要なんて、全くありません。自分と周囲を大切にしつつ、唯一無二の自らの物語を存分に演じ、人生の最終章で、我が人生を振り返ることができたら、こんなに素敵なことはないでしょう。

皆さんの今と未来を、心より応援しています。

編集協力

土崎幸恵

相談支援専門員

看護師・保育士・宅地建物取引士
日本福祉大学大学院 社会福祉学修士

2018 年　NPO 法人すくすくはあと 設立
児童発達支援・放課後等デイサービス事業所すくすくキッズの
運営を経て、現在は相談支援専門員として地域の障がい者福
祉に携わっている。
著書：
『そだちとともに 発達適育サポートブック 』（とおとうみ出版
／ 2022 年）、『発達かあさん ソーシャルワークで起業する』
（世音社／ 2022 年）

協力

柳田久美子
　相談支援専門員
　社会福祉士・精神保健福祉士・保育士

土方雅幸
　相談支援専門員
　介護福祉士・保育士

関根小雪
　相談支援専門員
　看護師

監修

青木 聖久

日本福祉大学教授／博士（社会福祉学）／精神保健福祉士
全国精神保健福祉会連合会（家族会）理事／日本精神保健福祉学会理事
最近の主な著書：
『精神・発達障害がある人の経済的支援ガイドブック』（中央法規
出版／ 2022 年）、『おかあちゃん、こんな僕やけど、産んでくれ
てありがとう』（ペンコム／ 2022 年）、『障害のある人の支援の
現場探訪記』（学研教育みらい／ 2021 年）他多数

すだちとともに　　相談力育成サポートブック
2023 年 5 月 10 日　初版第 1 刷

著　　者	辻　圭輔
発行者	土崎幸恵
発行所	世音社

〒 173-0037　東京都板橋区小茂根 4-1-8-102
Tel: 03-5966-0649　Fax: 03-5966-0649
E-mail: seonpr@ybb.ne.jp

企画・製作	一般社団法人 適育適生プロジェクト
編集・デザイン・DTP	R-Scope 藤本涼子
印刷・製本	株式会社 シナノ パブリッシング プレス

＊本書は、強く、開きやすく、環境にやさしい「PUR 製本」です。

Published by Shinano Publishing Press, Printed in Japan
ISBN978-4-921012-65-6
乱丁・落丁本はおとりかえいたします。